다락원
일본어 작문
초급에서 중급으로

李暻洙, 大塚薫, 寺井妃呂美 공저

다락원

외국어 학습은 크게 쓰기, 듣기, 읽기, 말하기의 4개 영역으로 구분되며 이 영역이 조화롭게 발휘될 때 유창하다는 평가를 내린다. 이 4개 영역 중에서 가장 기본이 되면서 또한 가장 어려운 것이 쓰기 영역이다. 쓰기는 회화력을 기르는 첫걸음이며, 일상생활의 간단한 메모에서부터 일기, 논문, 소설 등 다양한 형식을 통해 자신의 의사를 전달하는 중요 수단이기도 하다.

이 책은 일상생활에서 가장 사용빈도가 높은 19개의 테마로 구성하였으며, 일본어를 정확하게 표현하는 훈련과 동시에 글쓰기 능력 신장에 역점을 두었다. 작문의 정확성을 기르기 위한 작문공식을 통한 기초 문법 이해에서부터 표현력을 기르기 위한 단문작성·중문작성·자유작문 순으로 5단계로 나누어 단계별 학습이 가능하도록 엮었다. 또한 각 단원마다 학습표현을 4컷 만화로 구성하여 학습자의 흥미를 유발시켜 작문에 대한 두려움과 저항감을 없애기 위해 노력했다.

작문은 노력에 비해 성과가 늦게 나타나는 분야이다. 이 책의 의도를 이해하고 성실하게 실천해 준다면 단순한 의사소통에서부터 「いつ、どこで、だれが、なにを、なぜ、どのように」와 같이 정확하고 자연스러운 글쓰기가 가능해질 것이다.

일본어 속담 중에 '두 마리 토끼를 쫓는 자는 두 마리 다 얻지 못한다(二兎を追うものは一兎をも得ず)'는 속담이 있다. 그러나 꾸준히(うまずたゆまず) 노력하면 '두 마리 토끼를 쫓는 자는 두 마리 모두 잡을 수 있다(二兎を追うものは二兎をも得る)'가 가능해질 것이다.

끝으로 이 책이 나오기까지 도움을 주신 한국방송통신대학교 일본학과, 일본 高知대학 유학생별과, 경희사이버대학교 일본학과, 건국대학교 사범대학 일어교육과 학생들에게 감사를 드린다. 또한 한국방송통신대학교 일본학과의 황남덕 님, 이은희 님께 많은 조언을 받았다. 이 자리를 빌어 감사의 말씀을 전한다.

저자 씀

차례

『다락원 일본어 작문 초급에서 중급으로』는 실제 학습하는 표현은 문법 레벨면에서 본다면 초급이 될 수도 있겠지만, 문법 활용이 초급수준이더라도 실제 회화나 작문에서 자신의 의견을 제대로 전달하기 위해서는 고급 표현도 사용되는 경우가 많으므로 예문에 사용한 어휘와 표현에는 레벨의 구애를 받지 않고 실었습니다.

과의 구성과 특징은 다음과 같습니다.

● 대화 – 각 과의 중심 학습표현을 만화로 구성하여 학습자의 흥미 유발과 함께 실제 대화에서 어떻게 사용되고 있는지도 쉽게 파악할 수 있습니다.

● STEP 1 – 정확한 문장을 쓰기 위한 기초적인 문법 이해에 역점을 두었습니다.

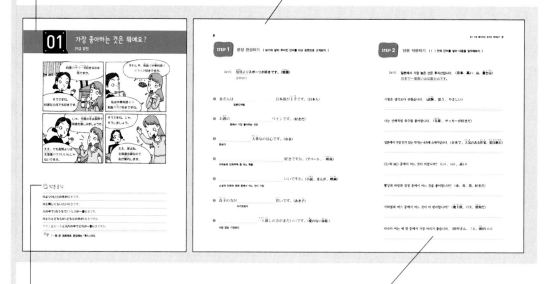

● 작문공식 – 작문에 필요한 표현을 통째로 익힐 수 있도록 예문과 함께 제시하였습니다.

● STEP 2 – 주어진 단어로 단문을 구성하여 기본 문장의 틀을 익힐 수 있습니다.

STEP 3- 한글 번역에 맞게 중문을 완성하는 단계로 일본어 표현력을 기를 수 있습니다.

STEP 4- 주어진 어휘로 한글 번역에 맞게 중문을 완성하여 장문 작성을 위한 능력을 함께 기를 수 있습니다.

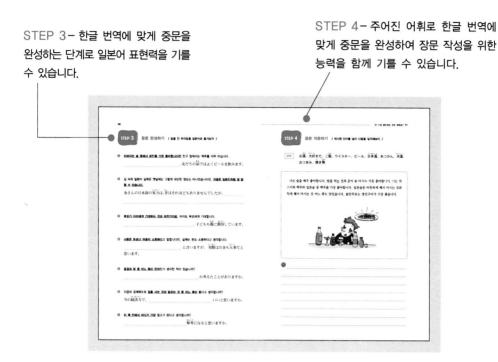

STEP 5- 과에서 학습한 표현을 이용하여 본격적으로 자신만의 글쓰기를 하는 단계로, 첨삭 지도된 작문을 예로 제시하여 글쓰기 능력이 향상됩니다.

부록- 작문 과제물 제출시 오려서 사용하시기 바랍니다.

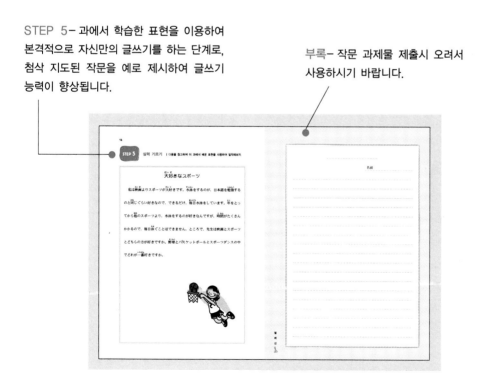

1. 「だ・です」의 문체가 혼용되는 일이 없도록 문체를 통일한다.

2. 일본어에는 동일한 음으로 읽히는 한자가 많으므로 올바른 한자 표기에 주의한다.

3. 각 품사의 접속 형태, 조사, 접속사 등을 문법에 맞게 쓴다.

4. 시제(時制)를 통일한다.

だ体(친구 등 친한 사이에서)

まんがだ

まんがじゃない

まんがだった

まんがだろう

やさしい

しずかだ

である体(논설문, 설명문 등에서)

まんがである

まんがであった

まんがであろう

さむいのである

です・ます体(정중한 글에서)

まんがです(であります)

まんがではありません

まんがでした(でありました)

しずかです

しずかだったです

します

しました

しません

가장 좋아하는 것은 뭐예요?

[비교 표현]

작문공식

肉より（も）魚の方が好きです

肉と同じぐらい魚が好きです

魚の中で（のうちで）うなぎが一番好きです

肉と魚とどちらが（どちらの方が）好きですか

ワインとビールと焼酎の中でどれが一番好きですか

Tip 「一番」은 회화체로 문장체는 「最も」이다.

STEP 1 문장 완성하기 | 보기와 같이 주어진 단어를 비교 표현으로 고쳐보자. |

[보기] **勉強より**スポーツが好きです。（<ruby>勉強<rt>べんきょう</rt></ruby>）
공부보다

---

❶ 金さんは＿＿＿＿＿＿＿＿＿＿＿日本語が<ruby>上手<rt>じょうず</rt></ruby>です。（日本人）
일본인처럼

❷ お<ruby>酒<rt>さけ</rt></ruby>の＿＿＿＿＿＿＿＿＿＿＿ワインです。（好きだ）
중에서 가장 좋아하는 것은

❸ ＿＿＿＿＿＿＿＿＿＿＿<ruby>大事<rt>だいじ</rt></ruby>なのは心です。（お金）
돈보다

❹ ＿＿＿＿＿＿＿＿＿＿＿＿＿＿好きですか。（アパート、<ruby>一軒屋<rt>いっけんや</rt></ruby>）
아파트와 단독주택 중 어느 쪽을

❺ ＿＿＿＿＿＿＿＿＿＿＿＿＿＿いいですか。（<ruby>小説<rt>しょうせつ</rt></ruby>、まんが、<ruby>映画<rt>えいが</rt></ruby>）
소설과 만화와 영화 중에서 어느 것이 가장

❻ <ruby>良子<rt>りょうこ</rt></ruby>の方が＿＿＿＿＿＿＿＿＿＿<ruby>若<rt>わか</rt></ruby>いです。（あき<ruby>子<rt>こ</rt></ruby>）
아키코보다

❼ ＿＿＿＿＿＿＿＿＿＿＿<ruby>一人暮<rt>ひとりぐら</rt></ruby>しの方がまだいいです。（<ruby>愛<rt>あい</rt></ruby>のない<ruby>家庭<rt>かてい</rt></ruby>）
사랑 없는 가정보다

단문 작문하기 | ( ) 안의 단어를 넣어 다음을 일작해보자. |

[보기]　일본에서 가장 높은 산은 후지산입니다. （**日本、高い、山、富士山**）
　　　　日本で一番高い山は富士山です。

---

❶ 시험은 생각보다 쉬웠습니다. （**試験^{しけん}、思う、やさしい**）

_____

❷ 나는 선배처럼 축구를 좋아합니다. （**先輩^{せんぱい}、サッカーが好きだ**）

_____

❸ 일본에서 가장 인기 있는 작가는 나쯔메 소세키입니다. （**日本で、人気^{にんき}のある作家^{さっか}、夏目漱石^{なつめそうせき}**）

_____

❹ CD 와 MD 중에서 어느 것이 비쌉니까? （**CD、MD、高い**）

_____

❺ 빨강과 파랑과 검정 중에서 어느 것을 좋아합니까? （**赤、青、黒、好きだ**）

_____

❻ 지하철과 버스 중에서 어느 것이 더 편리합니까? （**地下鉄^{ちかてつ}、バス、便利^{べんり}だ**）

_____

❼ 다나카 씨는 세 명 중에서 가장 머리가 좋습니다. （**田中さん、三人、頭^{あたま}がいい**）

_____

STEP 3 중문 완성하기 | 밑줄 친 우리말을 일본어로 옮겨보자. |

❶ **아버지는 술 중에서 와인을 가장 좋아합니다만** 친구 앞에서는 맥주를 자주 마십니다.

_____、友だちの前ではよくビールを飲みます。

❷ 김 씨의 일본어 실력은 옛날에는 그렇게 대단한 정도는 아니었습니다만, **지금은 일본인처럼 잘 말할 수 있습니다.**

金さんの日本語の実力は、昔はそれほどでもありませんでしたが、_____

_____

❸ **부모가 아이에게 기대하는 것과 마찬가지로,** 아이도 부모에게 기대합니다.

_____、子どもも親に期待しています。

❹ **사람은 돈보다 마음이 소중하다고** 말합니다만, 실제는 돈도 소중하다고 생각합니다.

_____と言いますが、実際はお金も大事だと

思います。

❺ **달걀과 닭 중 어느 쪽이 먼저**인가 생각한 적이 있습니까?

_____か考えたことがありますか。

❻ 지금의 경제력으로 **집을 사는 것과 빌리는 것 중 어느 쪽이** 좋다고 생각합니까?

今の経済力で、_____いいと思いますか。

❼ **이 책 안에서 어디가 가장** 참고가 된다고 생각합니까?

_____参考になると思いますか。

STEP 4 　중문 작문하기 ㅣ 제시된 단어를 넣어 다음을 일작해보자. ㅣ

| 단어 | お酒、大好きだ、ご飯、ウイスキー、ビール、日本酒、あつかん、冷酒、おつまみ、焼き魚 |

> 나는 술을 매우 좋아합니다. 밥을 먹는 것과 같이 술 마시는 것을 좋아합니다. 나는 위스키와 맥주와 일본술 중 맥주를 가장 좋아합니다. 일본술은 따뜻하게 해서 마시는 것과 차게 해서 마시는 것 어느 쪽도 맛있습니다. 술안주로는 생선구이가 가장 좋습니다.

STEP 5 　실력 기르기 　| 다음을 참고하여 이 과에서 배운 표현을 사용하여 일작해보자. |

大好きなスポーツ

　私は映画よりスポーツが大好きです。水泳をするのが、日本語を勉強する

のと同じぐらい好きなので、できるだけ毎日水泳をしています。年をとって

から他のスポーツより、水泳をするのが好きなんですが、時間がたくさんか

かるので、毎日泳ぐことはできません。ところで、先生は映画とスポーツと

どちらの方が好きですか。野球とバスケットボールとスポーツダンスの中で

どれが一番好きですか。

名前

작문공식

	ている	てある
자동사	子供が泣いている / 窓が開いている	
타동사	窓を開けている	窓が開けてある

Tip 「窓が開いている」는 자연적인 동작의 결과 상태. 「窓が開けてある」는 인위적인 동작의 결과 상태.

STEP 1 문장 완성하기 | 보기와 같이 주어진 단어를 진행이나 상태 표현으로 고쳐보자. |

[보기]　**田中さんはぼうしをかぶっています。**（ぼうしをかぶる）
　　　　　모자를 쓰고 있습니다

---

❶　この部屋は、＿＿＿＿＿＿＿＿＿＿＿＿　（そうじする）
　　　　　청소해 두었습니까?

❷　このカメラに名前が＿＿＿＿＿＿＿＿＿＿　（書く）
　　　　　쓰여 있습니까?

❸　私の弟と妹は＿＿＿＿＿＿＿＿＿＿＿＿　（通う）
　　　　　학교에 다니고 있습니다

❹　父はカナダに＿＿＿＿＿＿＿＿＿＿＿　（行く）
　　　　　가 있습니다

❺　＿＿＿＿＿＿＿＿＿＿＿＿が山田さんです。（めがねをかける、人）
　안경을 쓰고 있는 사람

❻　壁に日本の＿＿＿＿＿＿＿＿＿＿＿＿　（地図、はる）
　　　　　지도가 붙어 있습니다

❼　ホテルの＿＿＿＿＿＿＿＿＿＿＿＿　（予約、する）
　　　　　예약은 해 놓았습니다

STEP 2 단문 작문하기 ┃ ( ) 안의 단어를 넣어 다음을 일작해보자. ┃

[보기] 칠판에 「오늘의 속담」이 쓰여 있습니다. （黒板^{こくばん}、今日^{きょう}のことわざ、書く）
<u>黒板に「今日のことわざ」が書いてあります。</u>

---

❶ 아이들은 밖에서 놀고 있습니다. （子どもたち、外^{そと}、遊^{あそ}ぶ）

_____

❷ 야마다 씨는 지금 샤워를 하고 있습니다. （山田さん、シャワーをあびる）

_____

❸ 창문이 닫혀 있습니다. （窓^{まど}、閉^しめる）

_____

❹ 검은 스커트를 입고 있는 사람은 누구입니까? （黒い、スカート、はく、誰^{だれ}）

_____

❺ 중요한 것은 메모장에 써둡니다. （大切^{たいせつ}なもの、メモ帳^{ちょう}、書く）

_____

❻ 회의자료는 30부 복사해 둡니다. （会議^{かいぎ}の資料^{しりょう}、30部^ぶ、コピーする）

_____

❼ 저는 매일 아침에 조깅을 하고 있습니다. （毎朝^{まいあさ}、ジョギングをする）

_____

STEP 3 중문 완성하기 ㅣ 밑줄 친 우리말을 일본어로 옮겨보자. ㅣ

❶ 이 선생님은 지금 연구실에서 **공부하고 있습니다만**, 박 선생님은 지금 테니스장에서 **테니스를 치고 있습니다.**

李先生は今研究室で＿＿＿＿＿＿＿＿＿＿＿＿＿＿、朴先生は今テニス場で

＿＿＿＿＿＿＿＿＿＿＿＿＿＿＿＿＿＿＿＿＿＿＿＿＿＿＿＿＿＿

❷ 스즈키 씨는 **검정 바지를 입고 있고,** 노무라 씨는 **파란 스웨터를 입고 있습니다.**

鈴木さんは＿＿＿＿＿＿＿＿＿＿＿＿、野村さんは＿＿＿＿＿＿＿＿＿＿

❸ 사치코 씨는 지금 **방 청소를 하고 있습니다만**, 미치코 씨는 지금 **텔레비전을 보고 있습니다.**

さちこさんは今、＿＿＿＿＿＿＿＿＿＿、みちこさんは今、＿＿＿＿＿＿＿

❹ 편지를 부치고 싶습니다만, **우표가 붙어 있지 않습니다.**

手紙を出したいんですが、＿＿＿＿＿＿＿＿＿＿＿＿＿＿＿＿＿＿＿＿

❺ 이 책상서랍에는 **돈이 들어 있습니다만**, 저 책상서랍에는 **서류가 들어 있습니다.**

この机の引き出しには＿＿＿＿＿＿＿＿＿＿、あの引き出しには＿＿＿＿＿

＿＿＿＿＿＿＿＿＿＿＿＿＿＿＿＿＿＿＿＿＿＿＿＿＿＿＿＿＿＿

❻ 야마다 씨의 카드에는 '생일 축하해' 라고 **쓰여 있었습니다.**

山田さんのカードには「誕生日おめでとう」と＿＿＿＿＿＿＿＿＿＿＿＿＿＿

❼ 일본대사관 전화번호는 **알고 있습니다만**, 일본문화원의 전화번호는 모르기 때문에 **메모해 두었습니다.**

日本大使館の電話番号は＿＿＿＿＿＿＿＿＿＿＿＿＿、日本文化院の電話番

号は知らないので＿＿＿＿＿＿＿＿＿＿＿＿＿＿＿＿＿＿＿＿＿＿＿

STEP 4 **중문 작문하기** | 제시된 단어를 넣어 다음을 일작해보자. |

단어 | もの、名前<ruby>な</ruby><ruby>まえ</ruby>、つける、それぞれ、名前がつく、動物<ruby>どうぶつ</ruby>、全部<ruby>ぜんぶ</ruby>、というように、いぬ、うま、さる、などなど、飼<ruby>か</ruby>う、金魚<ruby>きんぎょ</ruby>

사불에는 이름이 붙어 있습니다. 우리들에게도 각각의 이름이 붙어 있습니다. 보아, 타카코, 치요코처럼. 우리들이 알고 있는 동물에도 전부 이름이 붙어 있습니다. 개, 말, 원숭이 등등. 제가 기르고 있는 금붕어에는 타마쨩이라는 이름을 붙여두었습니다.

「私の部屋」

私は３人の兄弟で、妹と弟がいます。今まで自身の部屋がなくて、妹と

いっしょに部屋を使っていました。それが、先月広い家に引っ越して、つい

に自分の部屋を持つことができました。

私の部屋には、ベッドと机があります。そして、壁に犬のカレンダと赤い

時計が掛けています。また、大好きなウォンビンのポスターも貼ってありま

す。いつもそのポスターを見ながら、今日あったのをウォンビンに話してい

ます。少し恥ずかしい話ですが、これが毎日の習慣です。

それから、この部屋に不足するものがひとつあります。それはソパァで

す。それで、今ソパァを買うために、アルバイトをしてお金をためています。

名前

山田さん、どうして先週の
コンパに来なかったん
ですか。

ちょっと風邪で入院し
たので、行けなかった
んです。

え、風邪で入院ですか。
そんなにひどかったんですか。

ええ、高熱が出て、
とても大変でした。

もう大丈夫ですか。

ええ、注射をした
ので、だいぶよく
なりました。

あまりひどくならなくて、
本当によかったですね。

ええ、早く退院できて、
本当によかったです。

작문공식

	から	ので	て(で)	ため(に)	せい
명사	雨だから	雨なので	雨で	雨のため	雨のせい
동사	雨が降るから	雨が降るので	雨が降って	雨が降ったため	大雨が降ったせい
형용사	忙しいから	忙しいので	忙しくて	忙しかったため	忙しいせい
형용동사	便利だから	便利なので	便利で	不便なため	不便なせい

Tip 「ので」는 객관적 사실에 중점을 두고, 「から」는 주관적 사실에 중점을 두므로 「から」 다음에는 희망, 의지, 금지, 명령 표현이 온다.

STEP 1 문장 완성하기 ｜ 보기와 같이 주어진 단어를 이유나 원인을 나타내는 표현으로 고쳐보자. ｜

[보기]　今日は母の誕生日なので、早く帰ります。（母の誕生日、ので）
　　　　　어머니 생일이기 때문에

---

❶ ＿＿＿＿＿＿＿＿＿＿＿＿＿＿＿遅れてしまいました。（交通事故、ため）
　　교통사고 때문에

❷ インターネットは＿＿＿＿＿＿＿＿＿いつも使っています。（便利だ、から）
　　　　　　　　　　　편리하니까

❸ 天気が＿＿＿＿＿＿＿＿＿＿＿＿遠足は延期です。（悪い、ので）
　　　　나쁘니까

❹ 席が＿＿＿＿＿＿＿＿＿＿＿＿移りました。（空く、から）
　　　비어 있으니까

❺ ＿＿＿＿＿＿＿＿＿大学院の進学を断念しました。（病気、で）
　병 때문에

❻ ＿＿＿＿＿＿＿＿＿＿＿＿、試合は中止です。（雨が降る、ため）
　비가 내리기 때문에

❼ 山田さんはたばこを＿＿＿＿＿＿、ストレスのためかよく食べます。
　　　　　　　　　　끊었기 때문에　　　　　　　　　（やめる、ので）

STEP 2　단문 작문하기　| ( ) 안의 단어를 넣어 다음을 일작해보자. |

[보기]　추우니까 창문을 닫았습니다.　(**寒い、ので、窓を閉める**)
　　　　寒いので窓を閉めました。

---

❶ 오늘은 조금 바쁘니까 다음으로 하겠습니다.　(**ちょっと、忙しい、ので、後でする**)

_____

❷ 사고 때문에 현재 3킬로미터 정체입니다.　(**事故、ため、現在、３キロの渋滞**)

_____

❸ 태풍 탓으로 야채 가격이 올라가고 있습니다.　(**台風、せい、野菜、値上がりする**)

_____

❹ 날씨가 좋아서 밖에 산책하러 나갑니다.　(**ので、散歩、出かける**)

_____

❺ 선생님, 전철이 늦어서 지각하고 말았습니다.　(**電車、遅れる、ので、遅刻する**)

_____

❻ 아프리카에서는 병 때문에 많은 아이들이 괴로워하고 있습니다.
(**アフリカ、病気、ために、苦しむ**)

_____

❼ 지하철은 불편하므로 버스로 다니고 있습니다.　(**地下鉄、不便だ、ため、通う**)

_____

STEP 3 중문 완성하기 | 밑줄 친 우리말을 일본어로 옮겨보자. |

❶ **이 우유는 산 지 3주가 지났기 때문에** 이미 상했습니다.

_____ もう腐(くさ)っています。

❷ 내가 살고 있는 맨션은 **역에서 가깝고 편리하므로** 집세가 조금 비쌉니다.

私(わたし)が住(す)んでいるマンションは、_____家賃(やちん)が少(すこ)し高(たか)いです。

❸ **이 소설은 어려운 단어가 많아** 읽는 데에 1개월 걸렸습니다.

_____ 読(よ)むのに1ヶ月(かげつ)かかりました。

❹ **요전에 일어난 지진으로** 현재도 많은 사람이 피난생활을 하고 있습니다.

_____ 現在(げんざい)もたくさんの人(ひと)が避難生活(ひなんせいかつ)を

しています。

❺ **갑자기 내린 눈 탓으로** 앞으로 나아가지 못하는 자동차가 길에 많이 서 있습니다.

_____ 前(まえ)に進(すす)めない車(くるま)が道(みち)にたく

さん止(とま)っています。

❻ **그녀의 무신경한 말 때문에** 그는 상처입고 말았습니다.

_____ 彼(かれ)は傷付(きずつ)いてしまいました。

❼ **야마다 씨가 오지 않았기 때문에** 그 장소의 분위기가 고조되지 않았습니다.

_____ その場(ば)の雰囲気(ふんいき)が盛(も)り上(あ)がりません

でした。

STEP 4 **중문 작문하기** | 제시된 단어를 넣어 다음을 일작해보자. |

단어 | 晴れ、喫茶店、とても、涼しい、気持ちがいい、でも、
クーラーの風が当たる、席、寒い、空く、テーブル、移る、このごろ、
気温差、激しい、かぜをひく、大変だ

8월 25일 맑음

오늘 친구와 찻집에 갔습니다. 찻집 안은
너무나 시원해서 기분이 좋았습니다.
그러나 에어컨 바람이 맞닿는 자리였기
때문에 추워서 비어 있는 다른 테이블로 옮겼습니
다. 요즘은 밖과 안의 기온차가 심하기 때문에 감기
에 걸리는 사람이 많습니다. 밖은 덥고, 안은 춥고,
힘든 하루였습니다.

日本語を勉強したきっかけ

今から10年前、私は会社員でしたが、特別な趣味もなく、仕事だけが私

の生活の全てでした。

そんなある日、会社で「日本語会話」の講座があることを知りました。最

初には心配でしたけど、日本語はわが国の言葉と語順が同じですから、習い

韓国語

やすいのではないかと思って、習うようになりました。授業はとても楽しく

ことにしました

て、時間の経つのがとても早く感じられました。しかし、だんだん難しく

速　　　　　　　　　　　　　　　　内容が

なったし、勉強する特別な目的もないので、自然に日本語を離れるようにな

なってくるし　　　　　　　　　　　　　　　から

りました。そんな折り、友達から○○大学にも日本語学科があるという話を

聞きました。もう一度、本気で日本語を勉強してみようと思って、○○大学

に入学しました。今は、専門家になりたいという目標ができたので、学びへ

の新しい意欲も出てきました。この気持ちを忘れないで、これからいっしょ

湧い

うけんめい勉強しようと思います。

名前

작문공식

명사	3年生になる
동사	理解できるようになる
형용사	明るくなる
형용동사	有名になる

Tip '과거에는 할 수 없었으나 현재 할 수 있게 되다' 라는 의미로 사용할 때는 가능형을 쓴다.

예 歩く → 歩ける+なる → 歩けるようになる

STEP 1　　문장 완성하기　｜ 보기와 같이 주어진 단어를 변화 표현으로 고쳐보자. ｜

[보기]　　**春になって暖^{あた}かくなりました。（暖かい）**

따뜻해졌습니다

---

❶ コーヒーに砂糖^{さ とう}を入れたので、＿＿＿＿＿＿＿＿＿＿＿＿（甘^{あま}い）

달아졌습니다

❷ 日本語が＿＿＿＿＿＿＿＿＿＿＿毎日^{まいにち}テープで練習^{れんしゅう}します。（上手^{じょう ず}だ）

능숙해지도록

❸ この辺^{へん}は昔^{むかし}より＿＿＿＿＿＿＿＿＿＿＿（静^{しず}かだ）

조용해졌습니다

❹ 今年^{ことし}の夏は去年^{きょねん}より＿＿＿＿＿＿＿＿＿＿＿（暑^{あつ}い）

더워졌습니다

❺ 手話^{しゅ わ}も少しずつ＿＿＿＿＿＿＿＿＿＿＿（分かる）

알게 되었습니다

❻ 道路^{どう ろ}が拡張^{かくちょう}されたために車^{くるま}が増^ふえて、だんだん＿＿＿＿＿＿＿＿＿＿＿

살기 어렵게 되었습니다 （住みにくい）

❼ 彼^{かれ}は大学を卒業後^{そつぎょう ご}、＿＿＿＿＿＿＿＿＿＿＿（英語^{えい ご}の先生）

영어 선생님이 되었습니다

STEP 2   단문 작문하기 | ( ) 안의 단어를 넣어 다음을 일작해보자. |

[보기]   요즘 점점 추워지는군요. **（最近、だんだん、寒い）**
最近だんだん寒くなりましたね。

---

❶ 어제는 시끄러웠는데, 오늘은 조용해졌네요. **（うるさい、静かだ）**

_____

❷ 엔화가 약세가 되면 일본에서의 수출이 하기 쉬워집니다. **（円安、輸出、しやすい）**

_____

❸ 이제는 운전할 수 있게 되었어요. **（運転できる）**

_____

❹ 열심히 일해서 부자가 되었습니다. **（いっしょうけんめい、働く、お金持ち）**

_____

❺ 여름방학이 되면 교사는 바빠집니다만, 학생은 한가로워집니다.
（夏休み、教師、忙しい、ひまだ）

_____

❻ 과음은 좋지 않습니다만, 약간의 술은 약이 됩니다. **（飲みすぎ、お酒、薬）**

_____

❼ 간단한 한자는 읽을 수 있게 되었습니다. **（簡単だ、漢字、読む）**

_____

STEP 3 중문 완성하기 ㅣ 밑줄 친 우리말을 일본어로 옮겨보자. ㅣ

❶ 3년 사귄 그녀와 결혼해서 **행복해졌습니다.**

３年<ruby>付<rt>つ</rt></ruby>き<ruby>合<rt>あ</rt></ruby>った彼女と<ruby>結婚<rt>けっこん</rt></ruby>して、＿＿＿＿＿＿＿＿＿＿＿＿＿＿＿＿＿

❷ 지난주 야마다 씨는 감기에 걸려 힘들었습니다만, **이제 완전히 건강해졌습니다.**

<ruby>先週山田<rt>せんしゅうやまだ</rt></ruby>さんは<ruby>風邪<rt>かぜ</rt></ruby>をひいて<ruby>大変<rt>たいへん</rt></ruby>だったのですが、＿＿＿＿＿＿＿＿

＿＿＿＿＿＿＿＿＿＿＿＿＿＿＿＿＿＿＿＿＿＿＿＿＿＿＿＿＿＿＿＿

❸ 이 주변은 옛날에는 조용한 곳이었지만, **지금은 꽤 번화해졌습니다.**

この<ruby>辺<rt>あた</rt></ruby>りは、<ruby>昔<rt>むかし</rt></ruby>は<ruby>静<rt>しず</rt></ruby>かなところだったのですが、＿＿＿＿＿＿＿＿

＿＿＿＿＿＿＿＿＿＿＿＿＿＿＿＿＿＿＿＿＿＿＿＿＿＿＿＿＿＿＿＿

❹ 요즘 일본인 선생님과 일본어로 많이 얘기했기 때문에 **점점 능숙해졌습니다.**

このごろ日本人の先生とたくさん日本語で話したので、＿＿＿＿＿＿＿＿

＿＿＿＿＿＿＿＿＿＿＿＿＿＿＿＿＿＿＿＿＿＿＿＿＿＿＿＿＿＿＿＿

❺ 일본어를 **잊어버리지 않도록,** 매일 일기를 쓰고 있습니다.

日本語を＿＿＿＿＿＿＿＿＿＿＿＿＿＿＿＿＿＿、<ruby>毎日日記<rt>にっき</rt></ruby>を書いています。

❻ 요전까지는 추운 날이 계속되었는데, **지금은 따뜻해져 창문에서 벚꽃이 보입니다.**

この<ruby>前<rt></rt></ruby>までは寒い日が<ruby>続<rt>つづ</rt></ruby>きましたが、＿＿＿＿＿＿＿＿＿＿＿＿＿＿＿

❼ 이전에는 큰 차가 잘 팔렸습니다만, 요즘에는 기름값이 비싸져서 **작은 차가 잘 팔리게 되었습니다.**

以前は大きい車がよく<ruby>売<rt>う</rt></ruby>れていましたが、このごろはガソリン<ruby>代<rt>だい</rt></ruby>が高くなっ

たので、＿＿＿＿＿＿＿＿＿＿＿＿＿＿＿＿＿＿＿＿＿＿＿＿＿＿＿＿

중문 작문하기 ㅣ 제시된 단어를 넣어 다음을 일작해보자. ㅣ

단어
最近（さいきん）、だんだん、涼（すず）しくなってくる、今年（ことし）の夏（なつ）、去年（きょねん）、暑（あつ）い、楽（たの）しい、
英語（えいご）の勉強（べんきょう）、小（ちい）さいころからの夢（ゆめ）、それで、いっしょうけんめい、英会話（えいかいわ）、
ずいぶん、上手（じょうず）

요즘 (날씨가) 점점 시원해집니다. 올 여름은 작년보다 덥지 않았기 때문에 즐겁게 영어 공부를 할 수 있었습니다. 어렸을 때부터의 꿈은 영어 선생님이 되는 것이었습니다. 그래서 영어를 열심히 공부했습니다. 지금은 영어회화도 꽤 능숙해졌습니다.

_____

_____

_____

_____

_____

_____

私の夢

　これまで僕にはいろいろな夢がありました。高校生のころは、ヘビメタル_に

夢中(むちゅう)になって、ギターリストになる_のことが夢でした。バンドのギターリスト

に憧(あこが)れて、ギターの練習(れんしゅう)をいっしょうけんめいしました。しかし、その時は

大学入試(にゅうし)の勉強が忙しくて、ただのメタルマニアになりました。_{でした}

　大学に入ってからは、作家(さっか)になる_のことが夢でした。しかし、それもやりぬ_{とげる}

く勇気(ゆうき)がありませんでした。それはお金をもうけることができるかどうか自_{なぜなら}　　_{かせぐ}

信がなかったからです。

　そして今、お金をもうけることができる仕事の中で、自分のしたいことが_{かせぐ}

見つかりました。それはパソコンです。パソコンは中学生のころからやって

いるので自信があります。簡単(かんたん)なRPGゲームを作ったこともあります。今は

もうインターネットの時代です。私は先端(せんたん)を進(すす)むITの一人になりたいです。_最　　_{行く}　　_{に携わる人間の}

名前

작문공식

명사	私はお金がほしい
	彼はお金をほしがる(3인칭)
동사 ます形	水が飲みたい
	彼は水を飲みたがる(3인칭)
동사 음편형	これを見てほしい / 水を飲んでほしい

Tip 「水が飲みたい」는 「水」가 동작의 희망대상이고, 「水を飲みたい」는 「水を飲む」라는 행위가 희망의 대상이다.

STEP 1 문장 완성하기 ㅣ 보기와 같이 주어진 단어를 희망 표현으로 고쳐보자. ㅣ

[보기] 山田さんは富士山<ふ じ さん>に <u>登<のぼ>りたがっています。</u>（登る）

오르고 싶어 합니다

---

❶ きっぷの予約<よやく>の確認<かくにん>を＿＿＿＿＿＿＿＿＿＿　（お願<ねが>いする）

　　　　　부탁하고 싶습니다

❷ 誕生日<たんじょうび>のプレゼントに何<なに>が＿＿＿＿＿＿＿＿＿＿　（ほしい）

　　　　　갖고 싶어요?

❸ 金<キム>さんはデジカメコーナーを＿＿＿＿＿＿＿＿＿＿　（見<み>る）

　　　　　보고 싶어 합니다

❹ 山田さんは新<あたら>しい＿＿＿＿＿＿＿＿＿＿　（恋人<こいびと>、ほしがる）

　　　　　연인을 갖고 싶어 합니다

❺ 李<イ>先生<せんせい>は温泉<おんせん>へ＿＿＿＿＿＿＿＿＿＿　（行<い>く）

　　　　　가고 싶어 합니다

❻ 彼女<かのじょ>に手紙<て がみ>を＿＿＿＿＿＿＿＿＿＿　（書<か>く）

　　　　　써 주었으면 좋겠습니다

❼ 私<わたし>は両親<りょうしん>のいない子<こ>どもを＿＿＿＿＿＿＿＿＿＿　（助<たす>ける）

　　　　　돕고 싶습니다

STEP 2 단문 작문하기 | ( ) 안의 단어를 넣어 다음을 일작해보자. |

[보기]　내 옆에 있어 주면 좋겠습니다. （そば、ほしい）
　　　　<u>私のそばにいてほしいです。</u>

---

❶ 하루라도 빨리 그를 만나고 싶습니다. （一日<small>いちにち</small>でも早<small>はや</small>い、会<small>あ</small>う、たい）

_____

❷ 젊은 사람들은 유행하는 옷을 입고 싶어 합니다. （若<small>わか</small>い人たち、流行<small>りゅうこう</small>、服<small>ふく</small>、着<small>き</small>る、たがる）

_____

❸ 다나카 씨는 내년에 미국으로 가고 싶어 합니다. （田中<small>たなか</small>さん、来年<small>らいねん</small>、アメリカへ行く、たがる）

_____

❹ 나는 새로운 일본어 사전을 갖고 싶습니다. （僕<small>ぼく</small>、新<small>あたら</small>しい、日本語の辞書<small>じしょ</small>、ほしい）

_____

❺ 야마다 씨는 외제차를 갖고 싶어 합니다. （山田さん、外車<small>がいしゃ</small>、ほしがる）

_____

❻ 스피치 대회에 대해서 가르쳐 주었으면 합니다.
（スピーチ大会<small>たいかい</small>、について、教<small>おし</small>える、ほしい）

_____

❼ 대학원에서 동양사를 전공으로 공부하고 싶습니다. （大学院<small>だいがくいん</small>、東洋史<small>とうようし</small>、専攻<small>せんこう</small>、たい）

_____

STEP 3 중문 완성하기 | 밑줄 친 우리말을 일본어로 옮겨보자. |

❶ 한번 직접 일본인을 만나 **일본인의 생각을 물어보고 싶습니다.**

一度、直接日本人に会って、_____

❷ **그녀에게 나의 마음을 전하고 싶습니다만**, 부끄러워서 좀처럼 되지 않습니다.

_____、恥ずかしくてなか

なかできません。

❸ 야마다 씨는 영문학을 전공하고 있기 때문에 **미국에 가고 싶어 합니다.**

山田さんは英文学を専攻しているので、_____

❹ 최근 야마우치 씨는 자동차 면허를 취득했기 때문에 **항상 운전을 하고 싶어 합니다.**

最近、山内さんは車の免許を取ったので、_____

❺ 시시한 회의에 **누군가 대신 출석해 줬으면 합니다.**

つまらない会議に_____

❻ 돈이 있으면 **빨간 외제 오픈카를 갖고 싶습니다.**

お金があれば、_____

❼ 야마모토 씨는 남들과 달라서, **그다지 핸섬하지 않은 연인을 원하고 있습니다.**

山本さんは人と違って、_____

중문 작문하기 ㅣ 제시된 단어를 넣어 다음을 일작해보자. ㅣ

단어
もう一人の自分（じぶん）、そっくりで、誰（だれ）、としか思わない、コンピュータ、
遊（あそ）ぶ、そして、いっしょうけんめい、知識（ちしき）、頭（あたま）、自然（しぜん）に、入（はい）る、でも、
同（おな）じように、遊んでばかりいる、怠（なま）け者（もの）

내가 지금 가장 갖고 싶은 것은 또 (다른) 한 사람의 내 자신입니다. 나와 꼭 닮은, 누가 보아도 나라고 밖에 생각하지 않는 또 한 사람의 내 자신을 갖고 싶습니다. 또 한 사람의 내 자신이 대학에서 공부하고 있을 때, 나는 집에서 컴퓨터로 놀거나 책을 읽거나 하고 싶습니다. 그리고 또 한 사람의 내 자신이 열심히 공부한 지식은 내 머릿속에도 자연스럽게 들어왔으면 좋겠습니다. 그러나, 또 한 사람의 자신이 나와 똑같이 놀기만 할 가능성이 있습니다. 또 한 사람의 내 자신은 나와 같이 게으름뱅이가 아니길.

STEP 5　실력 기르기　｜다음을 참고하여 이 과에서 배운 표현을 사용하여 일작해보자. ｜

今^{いま}ほしいもの

今^{いま}、一番^{いちばん}ほしいものは、広^{ひろ}くてきれいなキッチンです。昨年^{さくねん}の末^{すえ}、急性^{きゅうせい}ち

くのうしょうを病^やんだ以来^{いらい}、においをかぎにくくなりました。そのために、
　　　　　　　　　で　　ものの匂いがよくわからなく

二度^{にど}もなべを黒^{くろ}く焦^こがしてしまいました。続^{つづ}いて家族^{かぞく}のためにおいしい料理^{りょうり}
　　　　　　　　　　　　　　　　　　　これからもずっと

を作^{づく}りたいのに…。
　　が作りたかった

　しかし、この頃^{ごろ}は息子^{むすこ}が料理^{りょうり}を手伝^{てつだ}ってくれます。だから息子といっしょ

に料理を作^{つく}れる広^{ひろ}くてきれいなキッチンがほしいです。
　　　　　　　が

　広^{ひろ}いキッチンでは、味^{あじ}をみるのも便利^{べんり}だし、においの感覚^{かんかく}も帰^{かえ}るかもしれ
　　　　　　　なら　　　　　　楽　　　　　　　　　　　戻る

ません。それに、一時^{いちじ}、料理屋^{りょうりや}さんになりたがっていた息子に、おいしい料
　　　　　　　　　　　　　　　人

理を作^{つく}れるように教^{おし}えたいのです。
　　　　　　　が

　広^{ひろ}いキッチンはすぐには無理^{むり}だと思^{おも}いますが、においがわからなくても、

今は楽^{たの}しい料理の時間^{じかん}が持^もてるようになりました。

名前

작문공식

貸してください

貸してくれませんか / 貸してくださいませんか

貸してもらえませんか

貸していただけませんか

Tip 「～ていただけますか」보다 「～ていただけませんか」가 더 정중한 표현이다.

STEP 1 문장 완성하기 | 보기와 같이 주어진 문장을 의뢰나 요청 표현으로 고쳐보자. |

[보기] この荷物をあそこに運ぶ。（ください）

この荷物をあそこに運んでください。

---

❶ 道を教える。（くださいませんか）

_____

❷ この薬を食事の後に飲む。（ください）

_____

❸ 辞書を貸す。（いただけませんか）

_____

❹ お湯が沸いたら火を止める。（もらえませんか）

_____

❺ 韓国に遊びに来る。（くださいませんか）

_____

❻ 駅まで乗せる。（いただけますか）

_____

❼ ちょっと手伝う。（もらえますか）

_____

 **STEP 2** 　단문 작문하기 ㅣ ( ) 안의 단어를 넣어 다음을 일작해보자. ㅣ

> [보기]　잠시 조용히 해 주시지 않겠습니까? （ちょっと、**静**<ruby>静<rt>しず</rt></ruby>**かにする、くれる**）
> **ちょっと静かにしてくれませんか。**

❶ 전화번호와 메일 주소를 알려 주세요. （<ruby>電話番号<rt>でん わ ばんごう</rt></ruby>、メールアドレス、<ruby>教<rt>おし</rt></ruby>える、ください）

_____

❷ 이 책을 야마다 씨에게 전해 주지 않겠어요? （<ruby>山田<rt>やまだ</rt></ruby>さん、<ruby>渡<rt>わた</rt></ruby>す、もらえる）

_____

❸ 화장실을 빌릴 수 있을까요? （トイレ、<ruby>貸<rt>か</rt></ruby>す、くれる）

_____

❹ 금연석으로 바꿔 주실 수 있을까요? （<ruby>禁煙席<rt>きんえんせき</rt></ruby>、<ruby>変<rt>か</rt></ruby>える、もらえる）

_____

❺ 죄송하지만, 이 가방을 택배로 보내 주실 수 없겠습니까? （<ruby>宅配便<rt>たくはいびん</rt></ruby>、<ruby>送<rt>おく</rt></ruby>る、いただける）

_____

❻ 우리집 개도 산책에 데려가 주지 않겠어요? （<ruby>散歩<rt>さん ぼ</rt></ruby>、<ruby>連<rt>つ</rt></ruby>れていく、くれる）

_____

❼ 어머니께 안부 전해 주세요. （よろしく、<ruby>伝<rt>つた</rt></ruby>える、ください）

_____

STEP 3 중문 완성하기 ㅣ 밑줄 친 우리말을 일본어로 옮겨보자. ㅣ

❶ 어제 수업에 결석했기 때문에 **숙제 범위를 가르쳐 주세요.**

きのう授業を欠席したので、_____

❷ 그 사전, 다 썼으면, **잠깐 빌릴 수 없을까요?**

その辞書、使い終わったら、_____

❸ 담배를 피우지 않기 때문에 **금연석으로 바꾸어 주실 수 없겠습니까?**

たばこを吸わないので、_____

❹ 일손이 부족해서 곤란을 겪고 있습니다만, 만약 괜찮으시다면 **도와 주시지 않으시겠어요?**

人手が足りなくて困っているのですが、もしよかったら_____

_____

❺ 다나카 씨와 연락을 취하고 싶습니다만, **그의 전화번호를 가르쳐 주시지 않겠습니까?**

田中さんと連絡を取りたいのですが、_____

_____

❻ 그녀의 생일선물을 사고 싶습니다만, **잠깐 쇼핑에 같이 가주시지 않겠습니까?**

彼女の誕生日プレゼントを買いたいのですが、_____

_____

❼ 만약 기무라 씨를 만나면, **이 프린트를 건네 주실 수 있을까요?**

もし木村さんに会ったら、_____

중문 작문하기 | 제시된 단어를 넣어 다음을 일작해보자. |

단어　試験、早く、起こす、図書館、夜遅くまで、勉強する、お弁当、作る、サンドイッチ、のりまき

> 엄마에게
> 내일 시험이 있기 때문에 일찍 깨워 주세요.
> 도서관에서 밤늦게까지 공부하기 때문에 도시락을 두 개 만들어 주세요.
> 하나는 샌드위치, 다른 하나는 김밥을 만들어 주세요.

STEP 5 　실력 기르기 　| 다음을 참고하여 이 과에서 배운 표현을 사용하여 일작해보자. |

佐々木さん

お元気ですか。先日の日韓交流パーティー、参加できてよかったです。

とても楽しかったです

佐々木さんのために、たくさんの日本人と話をすることができて、本当に楽

おかげで

しい時間を過ごせました。ありがとうございました。

が

ところが、今回はお願いがあって手紙を書きました。その時会った川田さ

で

んにもう一度会いたいのです。私は日本との貿易に関心があるので、ぜひ川

田さんに会って、いろいろな話を聞いてみたいです。

それで、川田さんを紹介していただけませんか。突然のお願いで申し訳あ

りませんが、よろしくお願いします。

名前

07 이 노트북 써도 됩니까? [허가 표현]

田中さん、このノートパソコンを使ってもいいですか。

いいえ、それは山田さんが使っているのでちょっと。

じゃ、あれはいいですか。

ええ。あれは部長のですがこっそり使ってもいいですよ。

あっ、部長だ。

すみません。
それでは、私のパソコンを使ってもいいですよ。

ありがとうございます。
あのう、このファイル閉じてもいいですか。

ええ、どうぞ。

작문공식

명사	他の人でもいいです(か)	本人で(は)なくてもいいです(か)
동사	使ってもいいです(か)	使わなくてもいいです(か)
형용사	小さくてもいいです(か)	大きくなくてもいいです(か)
형용동사	不便でもいいです(か)	便利で(は)なくてもいいです(か)

Tip 허가를 나타낼 때는 「~(ても)いいです」 대신에 「よろしいです、けっこうです、かまいません」을 써도 된다.

예 遅くなってもかまいません。

STEP 1 **문장 완성하기** | 보기와 같이 주어진 단어를 허가 표현으로 고쳐보자. |

[보기]　ここに<u>座ってもいいですか</u>。(座る)

앉아도 좋습니까?

❶　車を_____（とめる）

주차해도 됩니까?

❷　ネクタイを_____（しめる）

매지 않아도 상관없습니다

❸　部屋は_____（狭い）

좁아도 좋습니다

❹　手続きは_____（本人）

본인이 아니라도 좋습니다

❺　キムチを_____（入れる）

넣어도 좋습니까?

❻　友だちを_____（連れていく）

데려가도 됩니까?

❼　この箱を_____（開ける）

열어도 됩니까?

단문 작문하기 | ( ) 안의 단어를 넣어 다음을 일작해보자. |

[보기]   이 영화는 아이가 봐도 상관없습니까? （映画、見る、かまわない）
この映画は子どもが見てもかまいませんか。

---

❶ 내일 학교에 오지 않아도 됩니까? （明日、学校、来る）

_____

❷ 학교에 교복을 입지 않고 가도 상관없습니까? （制服、着る、かまわない）

_____

❸ 방은 따뜻하지 않아도 상관없습니다. （部屋、暖かい、かまわない）

_____

❹ 리포트는 짧아도 상관없습니다. （レポート、短い、かまわない）

_____

❺ 이 사진을 다나카 씨에게 주어도 좋습니까? （写真、田中、あげる）

_____

❻ 이 중에 있는 것은 뭐든지 자유롭게 사용해도 됩니다. （何でも、自由に、使う）

_____

❼ 시간이 많이 있으므로 그렇게 서둘지 않아도 됩니다. （時間、たくさん、そんなに、急ぐ）

_____

STEP 3　중문 완성하기 ㅣ밑줄 친 우리말을 일본어로 옮겨보자. ㅣ

❶ 죄송합니다. **여기에서 담배를 피워도 됩니까?**

すみません。_____

❷ 휴대전화를 집에 두고 왔습니다만, **이 전화를 빌려도 됩니까?**

携帯電話を家に置いてきたのですが、_____

❸ 양이 많으니까 **억지로 모두 먹지 않아도 됩니다.**

量が多いですから、_____

❹ 아직 젊으니까, **지금 당장 꿈을 발견하지 않아도 된다고 봅니다.**

まだ若いですから、_____

_____

❺ 아마 기억할 수 있는 분량이라고 생각하므로 **메모를 하지 않아도 상관없습니다.**

たぶん覚えられる量だと思いますから、_____

_____

❻ 저는 신경쓰지 않으니까 **그렇게 마음을 쓰지 않아도 됩니다.**

私は気にしていませんから、_____

❼ **정확하지 않아도 괜찮으니까** 알고 있는 범위에서 답해 주세요.

_____ わかる範囲で答えてください。

STEP 4 중문 작문하기 | 제시된 단어를 넣어 다음을 일작해보자. |

단어 ただいま、店頭（てんとう）、お客様（きゃくさま）、アンケートをする、明（あか）るい、得意（とくい）、遠（とお）い、
けっこう、交通費（こうつうひ）、全額支給（ぜんがくしきゅう）、また、働（はたら）く、探（さが）す、最低（さいてい）、条件（じょうけん）、時給（じきゅう）、
連絡（れんらく）、当店（とうてん）、係員（かかりいん）、お願（ねが）いします

아르바이트생 모집! (アルバイト生募集)

　현재, 가게 앞에서 손님들께 앙케트를 할 아르바이트생을 모집하고 있습니다. 남자라도 좋고, 여자라도 좋습니다. 밝고 사람을 대하는 것이 능숙한 사람을 모집합니다. 집이 먼 사람이라도 괜찮습니다. 교통비가 전액 지급됩니다. 또, 아침 9시부터 밤 9시 사이에서 일할 수 있는 사람을 찾고 있습니다. 최저 4시간 일할 수 있는 것이 조건입니다. 시간급은 1,000엔이 됩니다. 연락은 본 가게의 담당자에게 부탁드립니다.

STEP 5 실력 기르기 | 다음을 참고하여 이 과에서 배운 표현을 사용하여 일작해보자. |

「ジーンズを洗う方法」

　私はカジュアルな服をよく着ます。特にジーンズが大好きで、8本も持っています。ちょっとしたジーンズマニアですね。ジーンズにはいろいろな種類がありますが、今からジーンズを買ったときの洗濯の仕方について~~教えた~~（説明し）いと思います。

　初めての洗濯では、ジーンズについているのりを取ることが大事です。そのとき、洗濯に使う水は水かお湯かで迷う人がいるかもしれません。使う水は40度以下が最もいいです。ですから、水を使ってもいいですし、お湯を使ってもいいのです。ただし、お湯の場合は、40度以下にしてください。

　次に、洗濯に使う洗剤ですが、洗剤は使ってもいいですし、使わなくてもいいです。使う場合は、普通のせっけんで洗うか、ウール用の中性洗剤を使うのがベストです。脱水は、手で絞ってもいいですし、洗濯機でしてもいいです。洗濯機の方が簡単でいいと思いますが…。

　最後に乾燥は、乾燥機を使ってもいいですし、日に干してもいいです。ただし、曇りの日ではなく、天気のいい日に干してください。

名前

작문공식

동사	食べてはいけません
형용사	高くてはいけません
형용동사	不便ではいけません

Tip 「동사의 종지형 + な」의 형태로 금지를 나타내기도 한다.

예 触るな！

STEP 1 문장 완성하기 | 보기와 같이 주어진 단어를 금지 표현으로 고쳐보자 |

[보기] ここでタバコを<u>吸ってはいけません</u>。（吸^すう）
　　　　　　　　피우면 안 됩니다

---

❶ テストはえんぴつで＿＿＿＿＿＿＿＿＿＿＿＿＿＿　（書く）
　　　　　　　쓰면 안 됩니다

❷ 弱^{よわ}い者^{もの}を＿＿＿＿＿＿＿＿＿＿＿＿　（いじめる）
　　　　　괴롭히면 안 됩니다

❸ 宿題^{しゅくだい}をすまさないうちは、＿＿＿＿＿＿＿＿＿＿＿　（遊^{あそ}びに行^いく）
　　　　　　　　놀러 가면 안 됩니다

❹ プレゼントはあまり＿＿＿＿＿＿＿＿＿＿＿＿　（安^{やす}い）
　　　　　　싸면 안 됩니다

❺ ここに勝手にごみを＿＿＿＿＿＿＿＿＿＿＿＿　（捨^すてる）
　　　　　　버리면 안 됩니다

❻ 子どもは夜遅^{よるおそ}くまで＿＿＿＿＿＿＿＿＿＿＿＿　（テレビを見^みる）
　　　　　　　텔레비전을 보면 안 됩니다

❼ ＿＿＿＿＿＿＿＿＿、子どもの手^ての届^{とど}かない所^{ところ}に置^おいてください。（飲^のむ）
　마시면 안 되니까

단문 작문하기 | ( ) 안의 단어를 넣어 다음을 일작해보자. |

[보기]　공공장소에 낙서를 하면 안 됩니다. （公共の場所、落書きをする）
　　　　公共の場所に落書きをしてはいけません。

---

❶ 어린 아이를 데리고 가면 안 됩니다. （子ども、連れていく）

_____

❷ 이런 일은 누구에게도 말하면 안 됩니다. （こんなこと、誰、言う）

_____

❸ 내일 회의에는 지각하면 안 됩니다. （明日の会議、遅刻する）

_____

❹ 감기에 걸렸을 때에는 술을 마시면 안 됩니다. （風邪を引く、お酒、飲む）

_____

❺ 이 길은 위험하니까 운전하면 안 됩니다. （この道、危険、運転する）

_____

❻ 이 가게는 애완동물을 데리고 들어가면 안 됩니다. （店、ペット、つれて入る）

_____

❼ 남의 리포트를 그대로 베끼면 안 됩니다. （レポート、そのまま、写す）

_____

STEP 3　　중문 완성하기 ｜ 밑줄 친 우리말을 일본어로 옮겨보자. ｜

❶　술을 마셨을 때에는 **절대로 차를 운전해서는 안 됩니다**.

お酒を飲んだときは、_____

❷　이 표시는 '**여기에서는 담배를 피우지 마시오**' 라는 의미입니다.

このマークは、_____ という意味です。

❸　아버지에게서 항상 '**학교 수업을 빠지지 마라**'고 듣고 있습니다.

父からいつも_____ と言われています。

❹　의사가 **단 것은 먹으면 안 된다**고 했으므로 이번은 사양하겠습니다.

医者から_____ と言われているので、今回は遠慮
しておきます。

❺　주사를 맞았기 때문에 **오늘은 목욕을 해서는 안 됩니다**.

注射を打ちましたので、_____

❻　촬영은 금지되어 있으므로, **여기에서 사진을 찍어서는 안 됩니다**.

撮影は禁止されていますので、_____

❼　모르는 사람이 과자를 주어도 **따라가서는 안 돼요**.

知らない人がお菓子をくれても、_____

중문 작문하기 | 제시된 단어를 넣어 다음을 일작해보자. |

단어

最近(さいきん)、若(わか)い人(ひと)。成人病(せいじんびょう)にかかる、なんといっても、食事(しょくじ)に気(き)をつける、食(た)べすぎる、腹八分目(はらはちぶめ)にする、もちろん、お酒(さけ)、決(き)める、調節(ちょうせつ)する、また、運動不足(うんどうぶそく)、習慣(しゅうかん)を身(み)につける、以上(いじょう)

[성인병이 되지 않기 위해 (成人病にならないために)]

　최근 젊은 사람이라도 성인병에 걸리는 사람이 많다고 합니다. 성인병이 되지 않기 위해 무엇보다도 식사에 신경을 써 주세요. 과식해서는 안 됩니다. 식사는 배의 80퍼센트로 해 주세요. 물론 술을 많이 마셔도 안 됩니다. 술을 마시지 않는 날을 정해, 조절하면서 마십시오. 또, 운동부족이 되어도 안 됩니다. 운동을 하는 습관을 몸에 익히십시오.

　이상의 일에 주의해 당신도 성인병에 걸리지 말아 주세요.

STEP 5 실력 기르기 ｜ 다음을 참고하여 이 과에서 배운 표현을 사용하여 일작해보자. ｜

「注意！勝手なごみ捨て禁止」

最近、燃えないごみと燃えるごみを区別しないで捨てる人が増える<u>ている</u>ようです。あき缶やあきビンを燃えるごみといっしょに捨ててはいけません。スプレー缶などは、穴を開けて捨てるようにしてください。 また、<u>新</u>親聞などの

紙類の収集は火曜日<u>と</u>決まっています。それ以外の日に出してはいけません。家具や電化製品などの<u>大型</u>大きなごみは、指定の料金を払って捨ててください。無断で捨ててはいけません。 ごみ袋も決まったもの以外を使用してはいけません。

みなさん、なるべくごみを減らして、きれいな町<u>づくり</u>に協力しましょう！

名前

작문공식

買うつもりです

買わないつもりです

買おうと思います / 見ようと思います

買うことにします

Tip 「買わないつもり」는 사지 않겠다는 의지 표현이고, 「買うつもりはない」는 살 의지가 없다는 표현이다.

STEP 1 문장 완성하기 ㅣ보기와 같이 주어진 단어를 의지와 결정 표현으로 고쳐보자.ㅣ

[보기] 自然を守るために、できるだけ<u>ゴミを出さないつもりです</u>。(ゴミを出す、つもりだ)
　　　쓰레기를 배출하지 않을 예정입니다

---

❶ 毎日 30分ほど＿＿＿＿＿＿＿＿＿＿＿＿＿＿ (本を読む、つもりだ)
　　　　　책을 읽을 작정입니다

❷ 会社を＿＿＿＿＿＿＿＿＿＿＿＿ (やめる、思っている)
　　　그만두려고 합니다

❸ これからは絶対に＿＿＿＿＿＿＿＿＿＿＿＿ (人の陰口を言う)
　　　뒤에서 남의 흉을 보지 않을 작정입니다

❹ 中古車を＿＿＿＿＿＿＿＿＿＿＿＿ (買う、ことにする)
　　　사기로 했습니다

❺ 英会話を＿＿＿＿＿＿＿＿＿＿＿ (習う、思っている)
　　　배우려고 합니다

❻ 明日から＿＿＿＿＿＿＿＿＿＿＿＿ (ジョギングをする、ことにする)
　　　조깅을 하기로 했습니다

❼ これからは毎日＿＿＿＿＿＿＿＿＿＿＿ (寝ぼうする、つもりだ)
　　　늦잠 자지 않으려 합니다

STEP 2 단문 작문하기 | ( ) 안의 단어를 넣어 다음을 일작해보자. |

> [보기]　새로운 사업을 시작하려고 합니다. （新しい、事業_{じぎょう}、始_{はじ}める、思う）
> **新しい事業を始めようと思っています。**

---

❶ 일이 생겨 여행은 연기하기로 하겠습니다. （用事_{ようじ}、旅行_{りょこう}、延期_{えんき}する、ことにする）

_____

❷ 졸업해도 선생님께 연락할 생각입니다. （卒業_{そつぎょう}する、連絡_{れんらく}する、つもりだ）

_____

❸ 쓸쓸해서 고양이 한 마리를 키우려고 합니다. （さびしい、飼_かう、思う）

_____

❹ 지금부터 도서관에 갈 작정입니다. （図書館_{としょかん}、行く、つもりだ）

_____

❺ 이제 결코 담배는 피우지 않을 생각입니다. （決_{けっ}して、吸_すう、つもりだ）

_____

❻ 오늘은 어디에도 가지 않고 공부하기로 했어요. （どこへも、勉強_{べんきょう}する、ことにする）

_____

❼ 건강을 위해 과식하지 않을 작정입니다. （健康_{けんこう}、食べ過_すぎる、つもりだ）

_____

STEP 3 중문 완성하기 ㅣ 밑줄 친 우리말을 일본어로 옮겨보자. ㅣ

❶ 아르바이트비를 저금해서, **컴퓨터를 살 예정입니다.**

アルバイト代(だい)を貯金(ちょきん)して、＿＿＿＿＿＿＿＿＿＿＿＿＿＿＿＿＿

❷ 본 고장의 맛을 배우기 위해 **내년에 프랑스에 유학 갈 예정입니다.**

本場(ほんば)の味(あじ)を学(まな)ぶために、＿＿＿＿＿＿＿＿＿＿＿＿＿＿＿

❸ **이제 두 번 다시 담배는 피우지 않을 작정입니다만**, 역시 술은 끊지 못하겠습니다.

＿＿＿＿＿＿＿＿＿＿＿＿＿＿＿＿＿やはりお酒(さけ)はやめられません。

❹ 요즘 과식으로 5 킬로그램이나 쪘기 때문에 **다이어트를 하려고 합니다.**

このごろ食(た)べ過(す)ぎて５キロも太(ふと)ったので、＿＿＿＿＿＿＿＿＿

❺ 매일 아침 조깅하는 습관을 **지금부터도 계속해 가려고 합니다.**

毎朝(まいあさ)ジョギングする習慣(しゅうかん)を＿＿＿＿＿＿＿＿＿＿＿＿＿

❻ 이 회사에서 계속 일해도 미래가 보이지 않으므로 **이번 달로 그만두기로 했습니다.**

この会社(かいしゃ)でずっと働(はたら)いても未来(みらい)が見(み)えないので、＿＿＿＿＿＿＿＿＿

＿＿＿＿＿＿＿＿＿＿＿＿＿＿＿＿＿＿＿＿＿＿＿＿＿＿＿＿＿＿＿

❼ **매일 일본어로 일기를 쓰기로 했습니다만**, 만약 괜찮다면 체크해 주실 수 있겠습니까?

＿＿＿＿＿＿＿＿＿＿＿＿＿＿＿＿＿もしよかったらチェックしてい

ただけませんか。

STEP 4 **중문 작문하기** ㅣ제시된 단어를 넣어 다음을 일작해보자.ㅣ

단어　留学する、生きた日本語、身につける、友だち、作る、なるべく、
つき合う、話す、そして、親友、あちこち、旅行する、ながら、
おいしい、食べ物

나는 내년에, 일본에 유학 갈 생각입니다. 일본에서는 생생한 일본어를 몸에 익히고 동시에 일본인 친구를 사귀려고 생각하고 있습니다. 가능한 한 일본인과 사귀고, 한국어는 말하지 않을 생각입니다. 그리고 친구라고 부를 수 있는 일본인 친구를 사귀려고 합니다. 또 일본 여기저기를 여행하면서 맛있는 음식을 먹어 보고 싶습니다.

STEP 5 실력 기르기 ㅣ 다음을 참고하여 이 과에서 배운 표현을 사용하여 일작해보자. ㅣ

「旅行の計画を立ててみよう」

今度の夏休みは、ヨーロッパに旅行するつもりです。友達と二人で１ヶ月
を
かけて、ヨーロッパ一周の旅をすることにしました。旅行は、ガイドの助け

~~も受けられない~~つもりです。往復の航空券だけを買って、ホテルは予約をし
　　を借りない

ないで行きます。友達と~~大衆交通~~を利用して遺跡や有名なところを見て回っ
　　　　　　　地下鉄やバス

て、直接ヨーロッパの生活を体験しようと思います。できれば、１ヶ月の間

にヨーロッパで住んでいる~~友達と付き合って~~、彼らの家庭を訪問してみたい
　　　　　　　　に　　　　　人と友達になって　　　　　　　　　努める

です。そして、私の国について~~イメージが悪くない~~ようにするつもりです。
　　　　　　　　　　　　の　　　　よくなる

まだ、どの国から旅行をするか決めていませんが自由旅行なので、これから

友達と詳しい計画を立てるつもりです。

名前

学校の近くにフィットネスクラブができたのを知っていますか。

え、全然知りませんでした。どこにできたんですか。

正門を出て歩いて5分ぐらいのところにあるんですよ。

そうですか。どんな運動ができるんですか。

ランニングマシンやプールなどがあります。それに、時間によってはエアロビクスもできますよ。

このごろ運動不足だから、学校帰りに寄ってみようかな。

今日の放課後、一緒に行ってみませんか。

そうしましょう。毎日少しずつでも運動した方がいいって言いますからね。

작문공식

行こう / 行こうか

行きましょう / 行きましょうか

行きませんか

行く方がいい / 行った方がいい

Tip 「사전형＋方がいい」보다 「タ형＋方がいい」가 상대방에게 더 강한 권유로 들린다.

「～ましょう」보다 「～ませんか」가 더 정중한 표현이다.

STEP 1 **문장 완성하기** ｜ 보기와 같이 주어진 단어를 권유와 제안 표현으로 고쳐보자. ｜

[보기]　今週の日曜日に、サッカーを<u>見に行こう</u>。（見に行く）
보러 가자

---

❶ 冷めないうちに＿＿＿＿＿＿＿＿＿＿＿＿（食べる）
　　　　　　먹는 것이 좋습니다

❷ ちょっと二人で＿＿＿＿＿＿＿＿＿＿＿（話し合う）
　　　　　　이야기하지 않겠어요?

❸ 道に迷ったときは、交番で＿＿＿＿＿＿＿＿＿＿＿（聞いてみる）
　　　　　　물어 봅시다

❹ どこかで＿＿＿＿＿＿＿＿＿＿＿（食事でもする）
　　　　　　식사라도 할까?

❺ 今日はかさを＿＿＿＿＿＿＿＿＿＿＿（持って行く）
　　　　　　갖고 가는 편이 좋습니다

❻ 明日、私と一緒に映画でも＿＿＿＿＿＿＿＿＿＿＿（見に行く）
　　　　　　보러 가지 않겠습니까?

❼ この本をそこの棚に＿＿＿＿＿＿＿＿＿＿＿（入れてくれる）
　　　　　　넣어 주지 않겠습니까?

STEP 4 중문 작문하기 ｜ 제시된 단어를 넣어 다음을 일작해보자. ｜

단어

<ruby>暑中<rt>しょちゅう</rt></ruby><ruby>お見舞い<rt>みま</rt></ruby><ruby>申し上げる<rt>もう あ</rt></ruby>、<ruby>毎日<rt>まいにち</rt></ruby>、<ruby>暑い日<rt>あつ ひ</rt></ruby>、<ruby>続く<rt>つづ</rt></ruby>、<ruby>お元気<rt>げんき</rt></ruby>ですか、<ruby>近く<rt>ちか</rt></ruby>、
レストラン、ウエートレスのバイト、<ruby>休みの時<rt>やす とき</rt></ruby>、<ruby>海<rt>うみ</rt></ruby>、<ruby>良かったら<rt>よ</rt></ruby>、<ruby>一緒に<rt>いっしょ</rt></ruby>、
<ruby>連絡<rt>れんらく</rt></ruby>、<ruby>待つ<rt>ま</rt></ruby>

---

post card

더위 문안드립니다.

매일 더운 날씨가 계속되고 있습니다만, 건강하십니까?

저는 집 근처의 레스토랑에서 웨이트리스

아르바이트를 하고 있습니다.

아르바이트를 쉴 때는 바다에라도 갈까 생각하고 있습니다.

괜찮으시다면 함께 가지 않겠습니까?

연락 기다리고 있겠습니다.

　7월 25일

　　　　　　　　　김 지영

STEP 5　**실력 기르기**　| 다음을 참고하여 이 과에서 배운 표현을 사용하여 일작해보자. |

この頃はさくら、もくれんなど春の花がきれいな季節になりましたね。
最近

私は花を大好きですが、ギヨンさんはどうですか。
　　　　が

私は毎年チンへに花見に行きます。そしてブサンを寄って、さしみを食べ
　　　　ジ　　　　　　　　　　　　　　　　　　　　　　　　に

て帰ろうと思っています。もしよかったら、ギヨンさんも一緒に行きましょ
　　　　　　　　　　　　　　　　　　　　　　　　　　　ませんか

うか。必ず楽しい旅行になると思いますよ。
　　　きっと

名前

작문공식

	はず	かもしれない	にちがいない
명사	先生のはずです	先生かもしれません	先生(である)にちがいありません
동사	行くはずです	行くかもしれません	行くにちがいありません
형용사	おいしいはずです	おいしいかもしれません	おいしいにちがいありません
형용동사	不便なはずです	不便かもしれません	不便(である)にちがいありません

Tip 「今日、来ないはずだ」보다 「今日、来るはずがない」가 더 강한 부정을 나타낸다.

STEP 1 　문장 완성하기 　| 보기와 같이 주어진 단어를 판단 표현으로 고쳐보자. |

[보기] 　彼は都内一きびしい先生かもしれません。（きびしい先生、かもしれない）

엄한 선생님일지도 모릅니다

---

❶ 今日は忙しいので、約束にちょっと＿＿＿＿＿＿＿＿＿（遅れる、かもしれない）
늦을지도 모릅니다

❷ あのかばんはきっと＿＿＿＿＿＿＿＿＿（高い、はず）
비쌀 것입니다

❸ あの人は有名な＿＿＿＿＿＿＿＿＿＿（俳優、ちがいない）
배우임에 틀림없습니다

❹ 今日は金曜日なので＿＿＿＿＿＿＿＿＿（道が混む、はず）
길이 붐비고 있을 것입니다

❺ ＿＿＿＿＿＿＿＿＿、急にキャンセルになりました。（デート、はず）
오늘 데이트였는데

❻ すぐには受からなくても、いつかは＿＿＿＿＿＿＿＿＿＿＿
합격할 것임에 틀림없습니다 （合格する、ちがいない）

❼ 息子の事故はお母さんにとって＿＿＿＿＿＿＿＿＿＿＿
쇼크가 큼에 틀림없습니다 （ショックが大きい、ちがいない）

STEP 2　단문 작문하기　| (　) 안의 단어를 넣어 다음을 일작해보자. |

[보기]　저 얌전한 사람이 그렇게 심한 짓을 할 리가 없습니다.
（おとなしい、ひどいことをする、はず）
<u>あのおとなしい人がそんなひどいことをするはずがありません。</u>

---

❶ 그는 지금쯤 집에서 게임에 열중하고 있음에 틀림없습니다.
（今ごろ、ゲーム、熱中する、ちがいない）

---

❷ 이 씨는 벌써 집에 돌아갔을 거예요. （もう、家に帰る、はず）

---

❸ 데이트가 상당히 즐거웠음에 틀림없습니다. （よっぽど、デート、楽しい、ちがいない）

---

❹ 이 모자는 그에게는 작을 것입니다. （ぼうし、小さい、はず）

---

❺ 그 기획 재미있을지도 모르겠습니다. （企画、おもしろい、かもしれない）

---

❻ 개도 자유롭게 뛰어 돌아다니는 쪽이 행복함에 틀림없습니다.
（自由に、走り回れる、幸せ、ちがいない）

---

❼ 이런 분위기에서는 자칫 잘못하면 과음할지도 모릅니다.
（雰囲気、ひょっとすると、飲みすぎる、かもしれない）

STEP 3 중문 완성하기 ㅣ 밑줄 친 우리말을 일본어로 옮겨보자. ㅣ

❶ 매년 저 팀이 우승합니다만, **올해는 우리 팀이 우승할 겁니다.**

毎年あのチームが優勝していますが、＿＿＿＿＿＿＿＿＿＿＿＿＿＿＿

❷ 임 씨는 운동신경이 좋으니까 **아마 수영도 할 수 있을 겁니다.**

イムさんは運動神経がいいので、＿＿＿＿＿＿＿＿＿＿＿＿＿＿＿

❸ 걸어다니는 사전 이라는 그가 **이런 간단한 단어의 뜻을 모를 리가 없습니다.**

歩く辞典と言われる彼が、＿＿＿＿＿＿＿＿＿＿＿＿＿＿＿＿＿＿

❹ 엔진 소리가 이상하니까 **혹시 고장일지도 모릅니다.**

エンジンの音がおかしいので、＿＿＿＿＿＿＿＿＿＿＿＿＿＿＿＿

❺ 이 상태라면, **혹시 역전 우승할지도 모릅니다.**

この調子だと、＿＿＿＿＿＿＿＿＿＿＿＿＿＿＿＿＿＿＿＿＿＿＿

❻ 전기가 켜져 있으니까 **방에 있음에 틀림없습니다.**

電気がついているので、＿＿＿＿＿＿＿＿＿＿＿＿＿＿＿＿＿＿＿

❼ 그 사람이니까 **컴퓨터 게임에 열중해서 점심도 아직임에 틀림없습니다.**

彼のことですから、＿＿＿＿＿＿＿＿＿＿＿＿＿＿＿＿＿＿＿＿＿

STEP 4 **중문 작문하기** | 제시된 단어를 넣어 다음을 일작해보자. |

단어 　礼儀正しい、特に、友だち同士、きちんと、お礼を言う、驚く、ある日、
学生食堂、昼ごはん、ソース、取ってあげる、親しい、絶対に、食後、
コーヒーをおごる、そして、翌日、ごちそうさま、どうして、国民性、
丁寧すぎる、気がする

[일본과 한국의 문화 차이 (日本と韓国の文化の違い)]

　일본인은 예의 바르다고 생각합니다. 특히 친구끼리라도 꼭 고마움을 말하는 것에는 놀랐습니다. 어느 날, 학생식당에서 친구와 점심을 먹고 있을 때, 일본인 친구에게 소스를 건네자 그녀가 '고맙다'고 말했습니다. 한국에서는 친한 친구사이에서는 그런 인사는 절대로 말하지 않을 것입니다. 식후에 그녀에게 커피를 샀습니다. 그 때에도 그녀는 몇 번이나 '고맙다'고 말했습니다.

どうも、どうも

　그리고 다음날 그녀를 만났을 때, 또 '어제는 커피 잘 먹었어'라고 말했습니다. 어째서 일본인은 이렇게 예의 바른 것일까요? 이것이 일본인의 국민성일지 모르지만, 나에게는 조금 너무 정중한 느낌이 듭니다.

STEP 5 실력 기르기 | 다음을 참고하여 이 과에서 배운 표현을 사용하여 일작해보자. |

「日本と韓国の違い」

韓国と日本は似ている面もあると思いますが、意外な部分で大きく異る
~~異なる~~

ともあります。私が一番おもしろいと思った日韓の違さは、~~涙~~に対する考えるこ
~~違い~~　　　　　　　　考え方

です。韓国では男は生まれてから死ぬときまで、３回だけ泣かないという話
しか

があります。最初は生まれた瞬間、次は親が無くなったときです。もちろ
~~言われています~~　　　　　　　　　　　　　亡

ん、そんなことは昔話に過ぎないと考える人もいるかもしれません。しか

し、ふつう韓国人だったら、男が人前で涙を見させるのは恥だと考えるはず

です。ところが、日本人に対しては完全に考えが違いようです。日本に留学
はそうではないようです

しているとき、男性のタレントが人の話を聞きながら泣いているのをテレビ

でよく見ました。どうしてこんな話であんなに泣くのかとただ笑うしかあり

ませんでした。しかし、初めは笑っていましたが、だんだんその理由につい

て考えるようになりました。日本人は自分の感情を素直に反応するから、男
　　　　　　　　　　　　　　　　　　　に

でも人前で涙を見せるのかもしれません。あるいは、日本人に対して、涙は
　　　　　　　　　　　　　　　　　　　　　　　　とって

決して恥ずかしいものではないかもしれません。とにかくはっきりとした理
　　　　　　　　　　　　の

由は知りませんが、近くの国でも考え方がこんなに違うというのは、ほんと
　　わかりませんが

うにおもしろいことだと思います。

名前

작문공식

명사	本人で	
동사	行か	なければならない / なければいけない /
형용사	安く	なくてはならない / なくてはいけない
형용동사	静かで	

Tip '~하는 것이 인간으로서의 의무, 당연함'이라는 뜻을 나타낼 때는 「べきだ」를 쓴다.

「なければならない、なくてはならない」는 사회적 의무나 필요성을, 「なければいけない、なくてはいけない」는 사적인 의무나 필요성을 나타낸다.

STEP 1 　**문장 완성하기** ｜ 보기와 같이 주어진 단어를 의무 표현으로 고쳐보자. ｜

[보기]　先生との約束は**守らなければなりません**。（守る）

지키지 않으면 안 됩니다

---

❶ 人生には_____ことがたくさんあります。（がまんする）
　　　　　참아야만 하는

❷ 山田さんが好きになる人は_____（きれいだ）
　　　　　예쁘지 않으면 안 됩니다

❸ もっと自分を_____（大切にする）
　　　　　소중히 해야만 합니다

❹ 履歴書は_____（自筆）
　　　　　자필이어야 합니다

❺ 家族が住むには、もう少し_____（広い）
　　　　　넓어야만 합니다

❻ 毎日日記を_____（書く）
　　　　　써야만 하는 겁니까?

❼ 自分の部屋ぐらいは自分で_____（そうじをする、べき）
　　　　　청소해야만 합니다

STEP 2　단문 작문하기 ㅣ( ) 안의 단어를 넣어 다음을 일작해보자. ㅣ

[보기]　선생님과 말할 때에는 경어를 사용해야만 합니다. （<ruby>敬語<rt>けいご</rt></ruby>を<ruby>使<rt>つか</rt></ruby>う）

　　　　<u>先生と話す時には敬語を使わなければいけません</u>。

---

❶ 도서관은 조용해야만 하는 곳입니다. （<ruby>図書館<rt>としょかん</rt></ruby>、<ruby>静<rt>しず</rt></ruby>かだ）

---

❷ 오늘밤 이 일을 끝내지 않으면 안 됩니다. （<ruby>今夜<rt>こんや</rt></ruby>、<ruby>終<rt>お</rt></ruby>わらせる）

---

❸ 정치가는 자신에게 엄격해야만 합니다. （<ruby>政治家<rt>せいじか</rt></ruby>、<ruby>自分<rt>じぶん</rt></ruby>、きびしい）

---

❹ 짧은 시간에 자신을 어필하지 않으면 안 됩니다. （<ruby>短<rt>みじか</rt></ruby>い、<ruby>自分<rt>じぶん</rt></ruby>、アピールする）

---

❺ 다음 역에서 갈아타지 않으면 안 됩니다. （<ruby>次<rt>つぎ</rt></ruby>の<ruby>駅<rt>えき</rt></ruby>、<ruby>乗<rt>の</rt></ruby>り<ruby>換<rt>か</rt></ruby>える）

---

❻ 머리를 쓰는 일이라도 몸이 튼튼하지 않으면 안 됩니다. （<ruby>仕事<rt>しごと</rt></ruby>、<ruby>丈夫<rt>じょうぶ</rt></ruby>だ）

---

❼ 학생식당은 저렴해야만 됩니다. （<ruby>学食<rt>がくしょく</rt></ruby>、<ruby>安<rt>やす</rt></ruby>い）

STEP 3 중문 완성하기 | 밑줄 친 우리말을 일본어로 옮겨보자. |

❶ 이 업무는 <u>양 씨가 아니면 안 됩니다.</u>

この仕事（しごと）は、_____

❷ 미스콘테스트에서 뽑히려면 외모뿐만 아니라 <u>마음씨도 고와야만 합니다.</u>

ミスコンテストで選（えら）ばれるためには、外見（がいけん）だけでなく、_____

_____

❸ 남에게 신뢰받기 위해서는 <u>성실하지 않으면 안 됩니다.</u>

人（ひと）から信頼（しんらい）されるためには、_____

❹ 릴레이에서 좋은 성적을 내기 위해서는 <u>신발은 가벼워야만 됩니다.</u>

リレーでいい成績（せいせき）を出（だ）すためには、_____

❺ 그렇게 많은 사람이 모이는 것이니까 <u>회장은 좀더 넓어야만 합니다.</u>

そんなにたくさんの人（ひと）が集（あつ）まるのですから、_____

❻ 다음주 출장으로 2주간 정도 <u>타이에 가야만 됩니다.</u>

来週出張（らいしゅうしゅっちょう）で、2週間（しゅうかん）ほど_____

❼ 최근 도둑이 늘어났기 때문에 잠깐 외출할 때에도 <u>열쇠를 잠가야만 됩니다.</u>

最近（さいきん）どろぼうが増（ふ）えてきたので、ちょっと出（で）かける時（とき）にも、_____

_____

STEP 4 중문 작문하기 ㅣ 제시된 단어를 넣어 다음을 일작해보자. ㅣ

단어

フィリピン、ごみ山_{やま}、ごみを拾_{ひろ}う、生活_{せいかつ}する、苦_{くる}しい、集_{あつ}まる、輝_{かがや}く、
どんなに、貧_{まず}しい、戦争_{せんそう}をする、教育_{きょういく}を受_うける、べきである、それは、
人類_{じんるい}、未来_{みらい}を担_{にな}う、権利_{けんり}、宝_{たから}、だから、世界中_{せかいじゅう}、平等_{びょうどう}に、チャンスを与_{あた}える

　필리핀에는 쓰레기더미의 쓰레기를 주워 생활하고 있는 아이들이 있습니다. 매일의 생활은 힘들지만, 쓰레기더미 속에 있는 학교에 모이는 아이들의 눈은 빛나고 있습니다. 아무리 가난한 나라라도, 전쟁 중인 나라라도, 아이들은 반드시 교육을 받아야만 합니다. 그것은 인류의 미래를 짊어지고 나아가야 할 아이들의 권리입니다. 아이들은 우리들의 보물이며 미래입니다. 그렇기 때문에 온 세계의 아이들에게 평등하게 교육을 받을 기회를 주어야만 합니다.

STEP 5　실력 기르기　| 다음을 참고하여 이 과에서 배운 표현을 사용하여 일작해보자. |

「最近のニュース ー自殺サイトについてー」

　この頃、ニュースで自殺サイトについてよく聞きになります。若者たちが
　　　　　　　　　　　　　　の報道を　　　　　　　耳にします

自殺サイトに加入して、自殺の方法を交換しているということです。若者た
　　　　　　　　　　　　　自殺方法の情報

ちは問題を解決方法を探すより、自殺を先に考えます。若者たちが自殺をと
　　　　　の　　　　　　　　　こと　　　　　　　　このような現象は

ても易しく考えるのがその原因ではないかと思います。
　　簡単に　　　ているということ

　政府は自殺サイトなど社会問題を生むサイトについて、徹底的に調査をし
　　　　このような

なければならない思います。また家庭でも子どものインターネットの使用を
　　　　　　　　と　　　、

徹底的に監視して、子どもが自殺サイトなどの問題サイトに夢中になること
　　　　　　　　　　　　　　　　　　　　このような

を未然に防がなければなりません。若者たちも自分で問題を解決しようと努

力したり、それが難しければ友達や親たち先生に相談する方法を探すことが
　　　　　　　　　　　　　　　や　　　　　　　　　　　　　方

いいと思います。その方法が自殺サイトの問題を解決して予防する最適な方
　　　　　このようなこと

法だと思います。結局、私たちが周辺の社会を見回して、暗い場に関心を持
　　　　　　　　　　　　身近な社会を見回して、

たなければならないと思います。

名前

작문공식

	だろう(でしょう)	ようだ(みたいだ)	そうだ	らしい
명사	先生だろう	先生のようだ		先生らしい
동사	行くだろう	行くようだ	雨が降りそうだ	雨が降る(降った)らしい
형용사	おいしいだろう	おいしいようだ	おいしそうだ ない→なさそうだ よい→よさそうだ	おいしいらしい おいしかったらしい
형용동사	静かだろう	静かなようだ	静かそうだ	静からしい

Tip みたいだは 비교, 예시 표현으로 주로 회화체에서 많이 쓰인다. 예 ソウルみたいな大都会。

そうだ의 전문(伝聞) 용법

명사	学生だ(学生だった)そうだ	동사	行く(行った)そうだ
형용사	おいしい(おいしかった)そうだ	형용동사	不便だ(不便だった)そうだ

STEP 1 문장 완성하기 ｜ 보기와 같이 주어진 단어를 추측 표현으로 고쳐보자. ｜

[보기]　**明日は晴れそうです。**（晴れる、そうだ）
　　　　맑을 것 같습니다

---

❶ 天気予報によると、明日は＿＿＿＿＿＿＿＿＿＿（雨が降る、らしい）
　　　　　　　　　　비가 내릴 것 같습니다

❷ 彼は山より海の方が＿＿＿＿＿＿＿＿＿＿（好きだ、ようだ）
　　　　　　　　좋아하는 것 같습니다

❸ このまんがは＿＿＿＿＿＿＿＿＿＿（おもしろくない、そうだ）
　　　　　재미없을 것 같습니다

❹ 山田さんは＿＿＿＿＿＿＿＿＿＿（緊張する、ようだ）
　　　　긴장하고 있는 듯합니다

❺ また身長が＿＿＿＿＿＿＿＿＿＿（伸びる、ようだ）
　　　　자란 것 같습니다

❻ 税金がまた＿＿＿＿＿＿＿＿＿＿（上がる、らしい）
　　　　오를 것 같네요

❼ 明日は土曜日ですから、仕事も＿＿＿＿＿＿＿＿＿＿（ひま、でしょう）
　　　　　　　　　　한가하겠지요

STEP 2　단문 작문하기 ｜ ( ) 안의 단어를 넣어 다음을 일작해보자. ｜

[보기]　열이 있으므로 아무래도 감기에 걸린 듯 합니다.
（熱、どうも、風邪を引く、ようだ）
熱があるから、どうも風邪を引いたようです。

---

❶ 내일은 눈이 오겠지요. （雪が降る、でしょう）

---

❷ 할머니가 무거워 보이는 짐을 들고 있습니다. （重い、そうだ、荷物、持っている）

---

❸ 신발매된 맥주는 요즘 젊은이들에게 인기가 있는 것 같군요.
（新発売、最近の若者たち、人気がある、ようだ）

---

❹ 그는 지금 멋진 사랑을 하고 있는 것 같아요. （すてきだ、恋をする、らしい）

---

❺ 홋카이도에는 지금 벌써 눈이 내리고 있을 거야. （北海道、もう、雪が降る、だろう）

---

❻ 저 아이는 을 듯한 얼굴을 하고 있습니다. （泣く、そうだ、顔をする）

---

❼ 저쪽에서 오는 것은 야마다 씨인 것 같습니다. （向こう、山田さん、らしい）

STEP 3 중문 완성하기 | 밑줄 친 우리말을 일본어로 옮겨보자. |

❶ 이 가방은 부드러운 가죽으로 되어 있어, **가볍고 튼튼한 것 같습니다.**

このかばんは柔らかい皮でできているので、 _____

❷ 하늘이 갑자기 흐려져, **지금이라도 비가 내릴 듯한 날씨군요.**

空が急にくもってきて、 _____

❸ 성실한 그가 학교를 쉬다니, **아무래도 감기가 심해진 것 같습니다.**

まじめな彼が学校を休むなんて、 _____

❹ 몇 번이나 화장실에 가는 것을 보니, **꽤 긴장하고 있는 듯합니다.**

何回もトイレに行っているのをみると、 _____

❺ 항상 사람이 많이 있으니까 **이 가게는 맛있는 것 같습니다.**

いつも人がたくさんいますから、 _____

❻ 언제 전화해도 통화중이니까 **아무래도 야마다 씨는 바쁜 것 같습니다.**

いつ電話しても話し中ですから、 _____

❼ 웃으면서 그런 심한 말은 하지 않는다고 생각하므로 **아마 그것은 농담이겠지요.**

笑ってそんなひどいことは言わないと思うので、 _____

_____

중문 작문하기 ㅣ 제시된 단어를 넣어 다음을 일작해보자. ㅣ

| 단어 | _{せっきょくてき}積極的、_{せいかく}性格、その_{なか}中で、_{なか}仲がいい、ヒヨン、_{はんたい}反対、_{おんな}女らしい、_{やさ}優しい、_{す なお}素直だ、_{おな とし}同じ年、いつも、_{なや}悩み、_{こま}困る、にとって |

[친구(_{ともだち}友達)]

나는 적극적인 성격이기 때문에 친구가 많이 있습니다. 그 중에서 가장 사이가 좋은 것은 희영이라는 친구입니다. 희영과 처음 만난 것은 중학교 2학년 때입니다. 그녀는 나와 반대로, 여자답고, 상냥하고, 꾸밈없는 사람입니다. 나와 동갑입니다만, 항상 나의 고민을 들어 주기도 하고, 어려울 때는 항상 힘이 되어 줍니다. 그녀는 저에게 있어 언니와 같은 사람입니다.

STEP 5 실력 기르기 | 다음을 참고하여 이 과에서 배운 표현을 사용하여 일작해보자. |

「10年後の自分の姿」

10年ひと昔と言われていますが、10年後の私の姿はどう変わっているん

でしょう。たぶん軍隊に行って男らしくなっているんでしょう。そして、大

学を卒業して日本語の先生になっているでしょう。それから、先生をしなが

かもしれません　私の夢は

らお金を集めて、日本に行きたいです。そして、日本で韓国語も教えたいで
ためて　　　　　　　くこと

す。日本人に韓国語を教えるのは、韓国人に日本語を教えるのとは違いで
う

しょう。たくさんの日本人が韓国語と韓国の文化も習って、お互いに理解
を知ってほしい

すればいいです。私がその先駆者がなりたいです。もちろん結婚もするで
に　　　　　　たくさんためて

しょう。そして子どもも育てる予定です。それからお金をいっぱい集めて、学
んだり

校を立てたいです。学生たちは自由で勉強するとか運動するとか遊ぶとか、
建　　　　　　　　　が　　に　　　したり　　　したり

学生のみんな自由で決定する学校を立てたいです。しかし、これを実行する
が　　に　　　　　できる　　　建

には、今は日本語をいっしょうけんめい勉強しなければなりません。もちろ
ため

んお金もいっぱい集めだろうと思います。
たくさんためなければならない

名前

作文公式

私は妹と田中さんに本を**あげました**
妹は田中さんに本を**あげました**

田中さんは私に花束を**くれました**
妹は私にぬいぐるみを**くれました**

私は田中さんから本を**もらいました**

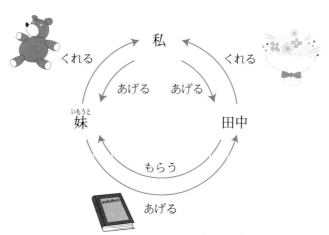

Tip 「あげる, くれる」는 주는 사람에 역점을 두고, 「もらう」는 받는 사람에 역점을 둔다. 단, 「あげる」는 주는 사람의 인칭이 받는 사람과 같거나 높아야 되는 반면, 「くれる」는 주는 사람의 인칭이 받는 사람보다 낮아야 한다. 「もらう」는 받는 사람의 인칭이 주는 사람과 같거나 높아야 한다.

문장 완성하기 | 주어진 문장을 보기와 같이 수수 표현을 사용하여 고쳐보자. |

[보기]　木村さんはハンさんに手作りのケーキをあげました。
↳ ハンさんは木村さんから**手作りのケーキをもらいました。**

---

❶ 彼は私にお土産をくれました。

↳ 私は彼から＿＿＿＿＿＿＿＿＿＿＿＿＿＿＿＿＿＿＿＿＿

❷ 妹は田中さんにCDをあげました。

↳ 田中さんは妹から＿＿＿＿＿＿＿＿＿＿＿＿＿＿＿＿＿＿

❸ 山田さんは田中さんから本をもらいました。

↳ 田中さんは山田さんに＿＿＿＿＿＿＿＿＿＿＿＿＿＿＿＿

❹ 私は田中さんにハンカチをもらいました。

↳ 田中さんは私に＿＿＿＿＿＿＿＿＿＿＿＿＿＿＿＿＿＿＿

❺ 山田さんは私にまんがをくれました。

↳ 私は山田さんから＿＿＿＿＿＿＿＿＿＿＿＿＿＿＿＿＿＿

❻ となりの人が消しゴムを貸してくれました。

↳ となりの人から＿＿＿＿＿＿＿＿＿＿＿＿＿＿＿＿＿＿＿

❼ 前からほしかったくつを母に買ってもらいました。

↳ 前からほしかったくつを母が＿＿＿＿＿＿＿＿＿＿＿＿＿

단문 작문하기 ┃ ( ) 안의 단어를 넣어 다음을 일작해보자. ┃

> [보기]   그는 나에게 반지를 주었습니다. (**ゆびわ**)
> **<u>彼は私にゆびわをくれました</u>**。

❶ 엄마는 다카다 씨에게 생일선물을 줄 생각입니다.
(**高田^{たかだ}さん、誕生日のプレゼント、つもりだ**)
_____

❷ 아버지가 5만 엔의 용돈을 주었습니다. (**5万円のこづかい、もらう**)
_____

❸ 아내가 나에게 넥타이를 사 주었습니다. (**妻^{つま}、ネクタイ**)
_____

❹ 나는 화이트 데이 때 미나 씨에게 사탕을 주었습니다.
(**ホワイトデー、ミナちゃん、キャンディー**)
_____

❺ 남동생은 야마다 씨에게 한국어를 가르쳐 주었습니다. (**弟^{おとうと}、山田さん、教える**)
_____

❻ 감기에 걸렸기 때문에 친구가 약을 사 주었습니다. (**風邪^{かぜ}を引く、薬^{くすり}、もらう**)
_____

❼ 길을 가던 사람이 사진을 찍어 주었습니다. (**道^{ある}を歩く、写真^{しゃしん}、撮^とる、もらう**)
_____

STEP 3 중문 완성하기 | 밑줄 친 우리말을 일본어로 옮겨보자. |

❶ 아이가 울고 있어서, **사탕을 주었습니다.**

　子どもが泣^ないているので、_____

❷ **그녀에게서 처음으로 받은 선물을** 지금도 소중히 여기고 있습니다.

　_____今^{いま}でも大切^{たいせつ}にしています。

❸ 친구가 **남동생에게 소중히 여기고 있던 책을 주었습니다.**

　友だちが_____

❹ 엄마가 오른손을 다쳐서 **요리를 도와주었습니다.**

　母が右手^{みぎて}をけがしたので、_____

❺ 어렸을 적, **공원에서 아버지가 캐치볼을 하고 놀아 주었습니다.**

　子どものころ、_____

❻ 일본인 친구가 **교토의 유명한 절에 데려가 주었습니다.**

　日本人の友だちが、_____

❼ 두 사람의 사진을 찍고 싶어서 **모르는 사람에게 부탁해서 찍었습니다.**

　二人の写真^{しゃしん}が撮^とりたくて、_____

STEP 4   중문 작문하기 | 제시된 단어를 넣어 다음을 일작해보자. |

단어

小さいころ、クリスマスの朝、サンタクロース、プレゼント、楽しみ、
そして、子どもたち、夢、クリスマスの日、ボランティアをする、施設、
過ごす、笑いかける、笑顔、最高

[크리스마스의 추억(クリスマスの思い出)]

　어렸을 적에는 크리스마스 아침에 산타클로스에게서 선물을 받는 것이 즐거웠습니다.
그리고 커서는 나도 아이들에게 꿈을 주고 싶다고 생각하게 되었습니다. 크리스마스 날,
자원봉사를 하고 있는 시설에서 아이들에게 선물을 주었습니다.

지금 나에게는 아이들과 보내는 크
리스마스, 그리고 웃어 주는
아이들의 얼굴이 최고의
크리스마스 선물입니다.

「今までで一番うれしかったプレゼント」

　プレゼントと聞くと、クリスマスを思い出します。クリスマスの先の日、
イブの

夜明けクリスチャンの家庭に賛美歌を歌いながらまわったことがありまし

た。イエスキリストの誕生を祝って、祝福の賛美歌をクリスチャンの家庭に

プレゼントするためでした。みんなが賛美歌の歌をお聞きになさって、親切
聞いて

に向かえてくれました。賛美歌を歌いながら、この家あの家を訪ね回ること
迎

も楽しかったですが、いっぱい抱かせてくださったプレゼントをもらったこ
の　　たくさんの　　　　　　　　　う

とが何よりの楽しみでした。私はその時のクリスマスの思い出を心の中で大

切にしまっておいた。
います

名前

📖 작문공식

	と	たら	ば	なら
명사	先生だと	先生だったら		先生なら
동사	行くと	行ったら	行けば	行くなら
형용사	おいしいと	おいしかったら よかったら	おいしければ よければ	おいしいなら
형용동사	静かだと	静かだったら		静かなら

Tip たらは 문말 표현의 제약이 적으며, 회화에서 자주 사용된다. 의뢰·권유·명령문에서는 たら를 사용한다.

STEP 1 문장 완성하기 | 보기와 같이 주어진 단어를 조건 또는 가정 표현으로 고쳐보자. |

[보기]　レポートを<u>書くなら</u>、図書館が便利です。（書く、なら）
　　　　　　쓰려면

---

❶ ここに書いてあるメールアドレスに＿＿＿＿＿＿＿、できると思いますよ。
　　　　　　　　　　　　　　　　　　　　연락하면　　　　　　　　　（連絡する、ば）

❷ ＿＿＿＿＿＿＿買いませんが、＿＿＿＿＿＿＿買います。（高い、ば、安い）
　　비싸면　　　　　　　　　　　싸면

❸ ＿＿＿＿＿＿＿テーブルの上にありましたよ。（黒い、かばん、なら）
　　검은 가방이라면

❹ ＿＿＿＿＿＿＿、桜が咲き始めます。（4月になる、と）
　　4월이 되면

❺ 調べたい単語にマウスを＿＿＿＿＿＿＿日本語訳が出ます。（近づける、と）
　　　　　　　　　　　　　　　　가까이 가져가면

❻ ＿＿＿＿＿＿＿、山田さんに連絡した方がいいですよ。（九州へ、行く、たら）
　　규슈에 가면

❼ ＿＿＿＿＿＿＿、キャンプは中止です。（雨が降る、たら）
　　비가 오면

STEP 2   단문 작문하기 ㅣ( ) 안의 단어를 넣어 다음을 일작해보자. ㅣ

[보기]   날씨가 좋으면 즐거운 여행이 되겠지요.
（天^{てん}気^きがいい、ば、楽^{たの}しい、旅^{りょこう}行、だろう）
天気がよければ、楽しい旅行になるでしょう。

---

❶ 내일 소풍은 비가 오면 가지 않습니다. （ピクニック、雨が降る、たら）

_____

❷ 이 길을 곧장 가면 오른쪽에 은행이 있습니다. （まっすぐ、と、右^{みぎがわ}側、銀^{ぎんこう}行）

_____

❸ 내일 날씨가 좋으면 꽃구경하러 가지 않겠습니까? （天気、なら、花^{はなみ}見に行く）

_____

❹ 사용하기 어려웠다면 이제 두 번 다시 사지 않아도 좋습니다. （使^{つか}いにくい、なら、二^に度^どと）

_____

❺ 모르는 것이 있으면 언제라도 물으십시오. （わからないこと、ば、いつでも、聞く）

_____

❻ 일본에서 공부하고 있는 친구의 편지를 읽었더니 나도 유학하고 싶어졌습니다.
（手^{てがみ}紙、読む、たら、留^{りゅうがく}学）

_____

❼ 몸 상태가 좋지 않으면 그만 돌아가도 좋아요. （体^{からだ}の調^{ちょうし}子、良くない、なら、もう、帰^{かえ}る）

_____

STEP 3 　중문 완성하기 　ㅣ밑줄 친 우리말을 일본어로 옮겨보자.ㅣ

❶ **길에서 1000원이라도 주우면** 파출소에 신고하는 것이 좋습니다.

_____ 交番に届ける方がいいです。

❷ **이 방법으로도 안 되면** 다른 방법으로 해 볼 수밖에 없군요.

_____ 別の方法でやってみるしかないですね。

❸ **안경을 쓰지 않으면** 저 간판의 글자도 안 보입니다.

_____ あの看板の文字も見えません。

❹ **영어를 할 수 없으면** 해외여행 때 어려움을 겪습니다.

_____ 海外旅行の時に困ります。

❺ **저렴한 퍼스널 컴퓨터를 살 것이라면** 테크노마트에 가 보면 어떨까요?

_____ テクノマートに行ってみたらどうですか。

❻ **제주도에 가면** 꼭 한라봉을 사 와 주시겠어요?

_____ ぜひハンラボンを買ってきてもらえませんか。

❼ 아직 스무살인데 **슈트를 입으면** 40대로 보입니다.

まだ20歳なのに、_____ 40代に見られます。

STEP 4 중문 작문하기 | 제시된 단어를 넣어 다음을 일작해보자. |

단어
いつも、片想いをする、しかし、いつか、まず、遊園地、ジェットコー
スターに乗る、怖い、体験を共有する、仲、もっと、また、かき氷、
いっしょに、いくら、男同士、恥ずかしい、俺、笑う、絶対に、彼女

[연인이 생긴다면 (恋人ができたら)]

　나는 연인이 없습니다. 항상 짝사랑을 하고 있습니다. 그러나 언젠가 연인이 생긴다면 여러 곳에 가 보고 싶습니다. 먼저, 유원지에 가서 제트코스터를 타고 싶습니다. 제트코스터와 같은 무서운 체험을 공감하면, 사이가 좀더 좋아질 것 같기 때문입니다. 또 일본식 팥빙수를 함께 먹고 싶습니다. 아무리 일본식 팥빙수가 먹고 싶어져도 남자끼리라면 부끄러워서 갈 수 없기 때문입니다. 이 이야기를 친구 민수에게 말했더니 그런 일이라면 나라도 괜찮지 않느냐고 비웃음을 당해버렸습니다. 그러나 절대로 민수와 아니라 그녀와 가고 싶습니다.

STEP 5 　**실력 기르기** ｜ 다음을 참고하여 이 과에서 배운 표현을 사용하여 일작해보자. ｜

「もし宝くじに当たったら」

この頃、全国に宝くじの一つであるロットの熱風が吹いています。一等に当
　　　　　　　的　　　　　　　　　　　　　がブームになっています

たる確率が814万分の一だと言われますが、運がよく当たった人もいます。も
　　　　　　　　は　　　　　　　　　　　　てい

し私が宝くじに当たって、100億ウォンがあったら何をやってみようかな。
　　　　　　　　　　　　　　　　　手に入ったら　　　　　　しよう

喜びのあまりにあちこちに自慢すれば、どろぼうから脅迫電話がかかってく
　うれしくて

るかもしれません。それなら誰にも言わないで、日本語の勉強を兼ねて日本
　　　　　　　　なので

へ行ってみようと思います。日本に着いたら、先に日本三景の一つと言われ
　　　　　　　　　　　　　　　　　　　　まず

る松島に行ってみたいです。あそこに行けば、私も俳聖松尾芭蕉のように
　　　　　　　　　　　　　　　行ったら

「松島や、ああ松島や、松島や」と、そのあまりの美しさに驚嘆するかもし

れません。もちろん美しい景色を眺めるのもうれしいことです。その上食べ
　　　　　　　　　　　　　　　だけでも　　　　　　が、

物までおいしいと、さらに幸せになるでしょう。でも、こんなことは夢のま
　　　おいしければ

た夢です。私にはおそらく縁のない話でしょう。

名前

결혼했냐고 질문받았어요 [수동 표현]

アンさん、初対面の韓国の方に年齢を聞かれたんですが。

それで、どうしましたか。

あいまいに答えておきました。そうしたら、今度は「結婚していますか」と質問されました。

そうですか。それで…。

だから、「まだしていません」と言ったら、「どうしてしないんですか」と言われました。

韓国では、年齢や結婚しているかどうかで話し方が変わってくるんですよ。

でも、初対面の人にプライベートなことを聞かれるのはちょっと…。

そうですね。外国人はストレスを受けるでしょうね。

📖 작문공식

1그룹 동사	雨に降られました
2그룹 동사	ドアを閉められました
3그룹 동사	友だちに来られました 先生に注意されました

Tip (ら)れる의 4가지 용법

(수동) 雨に降られて風邪を引きました。

(가능) なっとうが食べられますか。

(자발) 母のことが思い出されます。

(존경) いつ日本へ行かれますか。

STEP 1 **문장 완성하기** ㅣ 주어진 문장을 보기와 같이 수동 표현으로 고쳐보자. ㅣ

[보기]　兄が弟をいじめました。
　　　↳ 弟は兄にいじめられました。

---

❶ 母は息子をほめました。

　↳ 息子は母に＿＿＿＿＿＿＿＿＿＿＿＿＿＿＿＿

❷ 山田さんが私に石を投げました。

　↳ 私は山田さんに＿＿＿＿＿＿＿＿＿＿＿＿＿＿＿

❸ 友達は私の手紙を読みました。

　↳ 私は友達に＿＿＿＿＿＿＿＿＿＿＿＿＿＿＿＿

❹ 医者は彼にお酒を禁じました。

　↳ 彼は医者から＿＿＿＿＿＿＿＿＿＿＿＿＿＿＿

❺ 世界中の人々がキムチを食べています。

　↳ キムチは世界中で＿＿＿＿＿＿＿＿＿＿＿＿＿

❻ 町で男の人が声をかけました。

　↳ 町で男の人に＿＿＿＿＿＿＿＿＿＿＿＿＿＿＿

❼ 電車でとなりの人が足を踏みました。

　↳ 電車でとなりの人に＿＿＿＿＿＿＿＿＿＿＿＿

STEP 2 단문 작문하기 | ( ) 안의 단어를 넣어 수동 표현으로 일작해보자. |

[보기]　월요일 회의는 3시부터 열리도록 되어 있습니다. **(会議、3時から、開く)**
　　　　月曜日の会議は３時から開かれることになっています。

---

❶ 바쁠 때 친구가 와서 리포트를 쓰지 못했습니다. **(忙しい、来る、レポート)**

_____

❷ 다나카 씨는 모르는 사람에게 이름이 불렸습니다. **(田中さん、名前、呼ぶ)**

_____

❸ 누군가에게 플로피의 데이터가 지워졌습니다. **(誰か、フロッピーのデータ、消す)**

_____

❹ 이 잡지는 샐러리맨에게 잘 읽히고 있습니다. **(雑誌、サラリーマン、よく、読む)**

_____

❺ 2002년에 한국과 일본에서 월드컵이 열렸습니다. **(ワールドカップ、開く)**

_____

❻ 동생이 (내가) 소중히 여기고 있던 자전거를 망가뜨렸습니다. **(大事にする、自転車、壊す)**

_____

❼ 그의 신기록이 드디어 깨졌습니다. **(新記録、ついに、破る)**

_____

STEP 3 중문 완성하기 | 밑줄 친 우리말을 수동 표현을 사용한 일본어로 옮겨보자. |

❶ **어제 야마다 씨에게 영화를 (보러 가자고) 권유받았습니다만**, 아무 생각 없이 거절해 버리고 말았습니다.

_____ なんとなく断^{ことわ}ってしまいました。

❷ **사권 지 2년째에 프러포즈를 받아** 올 6월에 결혼했습니다.

_____ 今年6月に結婚^{けっこん}しました。

❸ **지하철 안에서 지갑을 잃어 버린 것에** 전혀 눈치 채지 못했습니다.

_____ 全^{まった}く気^きづきませんでした。

❹ **이 가게에서 판매되고 있는 쇠고기는** 모두 국산품뿐입니다.

_____ 全^{すべ}て国産^{こくさん}のものばかりです。

❺ **친구가 시험을 커닝했습니다만**, 아마 거의 틀렸으리라 생각합니다.

_____ たぶんほとんど間違^{まちが}っていると

思います。

❻ 지저분하다고, **소중하게 여기던 봉제인형을 엄마가 버렸습니다.**

汚^{きたな}いからといって、_____

❼ 조금 전에 엄마와 걷고 있던 아이에게 **아이스크림으로 옷이 더럽혀진 듯합니다**

さっきお母さんと歩^{ある}いていた子どもに、_____

_____

STEP 3 중문 완성하기 | 밑줄 친 우리말을 수동 표현을 사용한 일본어로 옮겨보자. |

❶ **어제 야마다 씨에게 영화를 (보러 가자고) 권유받았습니다만**, 아무 생각 없이 거절해 버리고 말았습니다.

_____ なんとなく断（ことわ）ってしまいました。

❷ **사권 지 2년째에 프러포즈를 받아** 올 6월에 결혼했습니다.

_____ 今年6月に結婚（けっこん）しました。

❸ **지하철 안에서 지갑을 잃어 버린 것에** 전혀 눈치 채지 못했습니다.

_____ 全（まった）く気（き）づきませんでした。

❹ **이 가게에서 판매되고 있는 쇠고기는** 모두 국산품뿐입니다.

_____ 全（すべ）て国産（こくさん）のものばかりです。

❺ **친구가 시험을 커닝했습니다만**, 아마 거의 틀렸으리라 생각합니다.

_____ たぶんほとんど間違（まちが）っていると

思います。

❻ 지저분하다고, **소중하게 여기던 봉제인형을 엄마가 버렸습니다.**

汚（きたな）いからといって、_____

❼ 조금 전에 엄마와 걷고 있던 아이에게 **아이스크림으로 옷이 더럽혀진 듯합니다**

さっきお母さんと歩（ある）いていた子どもに、_____

_____

STEP 4

중문 작문하기 ㅣ 제시된 단어를 넣어 다음을 일작해보자. ㅣ

단어

現代、誰、生活をする、しかる、難しい、レポート、出す、
社会人、上司、残業をする、人間関係、ストレスを受ける、それでは、
温泉に行く、ゆっくりと、湯船につかる、いやす、そして、ぐっすり寝る、
すっかり、一度試してみる

[스트레스 해소법(ストレス解消法)]

　현대에서는 누구나 스트레스가 많은 생활을 하고 있습니다. 학교에서는 선생님께 야단을 듣거나, 어려운 리포트를 제출받거나 합니다. 또, 누구나가 인간관계에서 스트레스를 받고 있습니다. 그러면, 어떻게 스트레스를 해소하면 좋을까요? 나의 가장 좋은 스트레스 해소법은 온천에 가는 것입니다. 느긋하게 탕 속에 담그면 마음이 편안해집니다. 그리고 맛있는 요리를 먹고 푹 자면, 다음날에는 완전히 스트레스가 해소되어 있습니다. 당신도 한번 시도해 보세요.

STEP 5　실력 기르기　｜ 다음을 참고하여 이 과에서 배운 표현을 사용하여 일작해보자. ｜

「奇妙（きみょう）な一週間（いっしゅうかん）」

最近（さいきん）起（お）きた奇妙なことについて書いてみようと思います。この一週間、私を始（はじ）め、私の回（まわ）りの２人がさいふをなくしました。始めにさいふをなくした（初）人（の）は、私の親友（しんゆう）です。学校の図書館（としょかん）でさいふをなくしましたが、幸（さいわ）にも次（つぎ）の日にさいふを探（さが）しました（が見つかりました）。さいふの中に授業（じゅぎょう）の時間表（時間割り）を入れていたので、それを見て講義室（こうぎしつ）に直接（ちょくせつ）訪（たず）ねてきてくれたそうです。運良（うんよ）く親切（しんせつ）な人にさいふを拾（ひろ）われましたが（拾った人が）、その人がさいふを拾う前に、中のお金は取（と）られていた（盗）そうです。その次にさいふをなくした人（の）は、知（し）り合（あ）いの妹です。バスでさいふをすられました。まだ戻（もど）ってこなかったし（見つかっていませんが）、彼女もさいふが戻ってくる可能（かのう）性についてはあまり期待（きたい）していないようです。最後（さいご）にさいふをなくしたの（のを）は、私です。まさに昨日（きのう）のことです。地下鉄（ちかてつ）でなくしましたが、誰（だれ）にさいふを盗（ぬす）まれたのではなく、ホムのベンチにさいふを置（お）いてまま（た）、地下鉄に乗（の）ってしまいました。幸にもさいふの中に父の名刺（めいし）が入（はい）っていて、（しまったのです）拾った人が父に電話をかけてきてくれたのです（たので）。お金までは期待しなかったのに、さいふがそのまま戻ってきて（ました）とてもうれしかったです。私や親友のように親（した）しい人（親切な）に拾われた場合（ばあい）は、お金までそのまま帰ってくる（戻ってくる）かもしれませんが、非常（ひじょう）の（も入った）時を備（そな）えて、連絡先（れんらくさき）ぐらいはさいふに入れておく必要（ひつよう）があると思います。（もしもの時に）

名前

작문공식

	사전형	사역형	사역수동형
1그룹 동사	手紙を書く 友だちに話す	手紙を書かせる 友だちに話させる	手紙を書かせられる 友だちに話させられる
2그룹 동사	テレビを見る	テレビを見させる	テレビを見させられる
3그룹 동사	学校へ来る 宿題をする	学校へ来させる 宿題をさせる	学校へ来させられる 宿題をさせられる

Tip 1그룹 동사의 경우 사역수동형은 「せられる」를 축약하여 「される」로 쓰는 것이 일반적이다.

예 書かせられる → 書かされる

STEP 1 문장 완성하기 Ⅰ 보기와 같이 주어진 단어를 사역 표현으로 고쳐보자. Ⅰ

[보기] 先生は学生たちに漢字を<u>書かせました</u>。（書く）

쓰게 했습니다

---

❶ 彼はいつも冗談を言ってみんなを＿＿＿＿＿＿＿＿＿＿＿（笑う）

　　　　　　　　　　　　웃게 만듭니다

❷ 母親は自分の子に＿＿＿＿＿＿＿＿＿＿＿（絵本を読む）

　　　　　　　　　그림책을 읽게 했습니다

❸ 山田さんは子どもに毎日＿＿＿＿＿＿＿＿＿＿＿（歌を歌う）

　　　　　　　　　　노래를 부르게 합니다

❹ 子どもに＿＿＿＿＿＿＿＿＿＿＿時間になりました。（ミルクを飲む）

　　　우유를 먹이는

❺ 犬に＿＿＿＿＿＿＿＿＿＿＿（えさを食べる）

　　먹이를 먹게 합니다

❻ フセインは改めて＿＿＿＿＿＿＿＿＿＿＿（世間を驚く）

　　　　　　　세상을 놀라게 했습니다

❼ 田中さんの代わりに山田さんを＿＿＿＿＿＿＿＿＿＿＿（行く）

　　　　　　　　　가게 합시다

STEP 2 　**단문 작문하기** ｜( ) 안의 단어를 넣어 사역 표현으로 일작해보자. ｜

[보기]　야마다 씨는 후배에게 술을 마시게 했습니다. （<ruby>後輩<rt>こうはい</rt></ruby>、お<ruby>酒<rt>さけ</rt></ruby>、<ruby>飲<rt>の</rt></ruby>む）
　　　　<u>山田さんは後輩にお酒を飲ませました</u>。

---

❶ 오카야마에서 히로시마까지 시속 120 킬로미터로 차를 달리게 했습니다.
　（<ruby>岡山<rt>おかやま</rt></ruby>、<ruby>広島<rt>ひろしま</rt></ruby>、<ruby>時速<rt>じそく</rt></ruby>120キロ、<ruby>車<rt></rt></ruby>を<ruby>走<rt>はし</rt></ruby>る）

_____

❷ 어린 아이에게는 과일을 많이 먹이는 것이 좋습니다. （子ども、<ruby>果物<rt>くだもの</rt></ruby>、たくさん、<ruby>食<rt></rt></ruby>べる）

_____

❸ 자기 숙제를 친구에게 시키는 것은 교활합니다. （<ruby>自分<rt>じぶん</rt></ruby>、<ruby>宿題<rt>しゅくだい</rt></ruby>、<ruby>友<rt>とも</rt></ruby>だち、やる、ずるい）

_____

❹ 아이에게 좋아하는 것을 시키면 어떠십니까? （子ども、<ruby>好<rt>す</rt></ruby>きなこと、する）

_____

❺ 학생들에게 좋아하는 길을 나아가게 하고 싶은 것이 저의 신념입니다.
　（<ruby>学生<rt>がくせい</rt></ruby>たち、<ruby>好<rt>す</rt></ruby>きな<ruby>道<rt>みち</rt></ruby>、<ruby>進<rt>すす</rt></ruby>む、<ruby>信念<rt>しんねん</rt></ruby>）

_____

❻ 어머니는 매일 개를 산책시킵니다. （お<ruby>母<rt>かあ</rt></ruby>さん、<ruby>毎日<rt>まいにち</rt></ruby>、<ruby>犬<rt>いぬ</rt></ruby>を<ruby>散歩<rt>さんぽ</rt></ruby>する）

_____

❼ 선생님은 학생들에게 매일 일기를 쓰게 합니다. （<ruby>先生<rt>せんせい</rt></ruby>、<ruby>学生<rt>がくせい</rt></ruby>たち、<ruby>毎日<rt>まいにち</rt></ruby>、<ruby>日記<rt>にっき</rt></ruby>を<ruby>書<rt>か</rt></ruby>く）

_____

STEP 3 **중문 완성하기** ┃ 밑줄 친 우리말을 사역 표현을 사용한 일본어로 옮겨보자. ┃

❶ 하나코 씨는 매일 남편에게 <u>요리를 만들게 하거나, 청소를 하게 하거나 합니다.</u>

花子さんは毎日夫に _____
はな こ

❷ 아무리 늦게 일어나도 반드시 <u>아이에게 아침밥을 먹게 하고 있습니다.</u>

いくら遅く起きても、必ず _____
　　　おそ　お　　　　　　　かなら

❸ 부장님은 혼자서 할 수 있는 일이라도 <u>반드시 부하에게 시킵니다.</u>

部長は一人でできる仕事でも、 _____
ぶ ちょう　　　　　　　し ごと

❹ 집에서 기르고 있는 개는 물놀이를 너무 좋아하기 때문에 <u>자주 공원의 분수에서 놀게 합니다.</u>

うちで飼っている犬は水遊びが大好きなので、 _____
　　　か　　　　　　みずあそ　　だい す

_____

❺ 아버지는 비디오 찍는 법을 모르기 때문에 <u>항상 저에게 녹화 예약을 하게 합니다.</u>

父はビデオの撮り方がわからないので、 _____
　　　　　　　と　かた

_____

❻ 열심히 노력하겠으므로 <u>그 일을 제가 하게 해주십시오.</u>

いっしょうけんめいがんばりますから、 _____

❼ 배가 아파서, 죄송하지만 <u>수업을 쉬게 해 주세요.</u>

お腹が痛いので、すみませんが _____
　なか

STEP 4 중문 작문하기 ㅣ제시된 단어를 넣어 다음을 일작해보자.ㅣ

단어

わが家、かわいい、ペット、やってくる、マルチーズ、オス、名前、
いちご、まだ、生まれる、経つ、困る、おしっこをする、きちんと、
専用のトイレ、それから、食事、決まった時間、ちょっと、かわいそう、
心を鬼にする、身につける

[강아지 예절교육(犬のしつけ)]

우리 집에 귀여운 애완동물이 찾아왔습니다. 마르티즈 수컷으로 이름은 '딸기'입니다.

아직 태어난 지 4개월밖에 지나지 않은 귀여운 강아지입니다만, 지금 예절교육에 애를 먹고 있습니다. 어디에나 소변을 보기 때문에, 정확하게 전용 화장실에서 하도록 예절교육을 시키고 있습니다. 그리고 식사도 정해진 시간에 시키고 있습니다. 조금 불쌍합니다만, 지금은 마음을 독하게 하고, 몸에 익히도록 하고 있습니다.

「子どもにさせたいこと」

　最近の子どもは、大人顔負けのスケジュールを過ごしている。私が子ども

のころは、家に帰るとまずおやつを食べて、それから友達と公園で遊んだ

り、家でテレビを見たりしたものです。ところが、このごろは家に帰るとす

ぐ、塾に向かわなければなりません。子どもをたくさんの塾に通わせるの

は、かわいそうだと思いますが、私も子どもにさせたいことがあります。そ

れは、英語や算数のような勉強ではありません。私が幼かったときにできな

かったことをさせたいと思っています。女の子どもなら、バレーやバイオリ

ンや美術などをさせて、男の子どもならサッカーやゴルフをさせて、国家の

代表になれるような人にしたいです。しかし本人が嫌いならさせたくないで

すが、幼い子どもには勉強以外にもいろいろな分野があることを教えてあげ

たいです。自分の実現できなかった夢を子どもに押しつけるのは、かわいそ

うだと言われそうですが。

名前

작문공식

존경 특별 동사 (159페이지 참조)	行く・来る・いる–いらっしゃる する–なさる / 見る–ご覧になる
お〜になる / お〜なさる(和語)	明日日本からお帰りになります
ご〜になる / ご〜なさる(漢語)	ご出発になります
(ら)れる	明日日本から帰られます

STEP 1 　**문장 완성하기** ｜ 주어진 문장을 보기와 같이 존경 표현으로 고쳐보자. ｜

[보기] 　**李先生が書いた論文^{ろんぶん}を読みました。**
　　　↳ **李先生がお書きになった論文を読みました。**

---

❶ 山田先生は何時ごろ帰りますか。

　↳ ＿＿＿＿＿＿＿＿＿＿＿＿＿＿＿＿＿＿＿＿＿＿＿

❷ どうぞ安心^{あんしん}してください。

　↳ ＿＿＿＿＿＿＿＿＿＿＿＿＿＿＿＿＿＿＿＿＿＿＿

❸ この本、もう読みましたか。

　↳ ＿＿＿＿＿＿＿＿＿＿＿＿＿＿＿＿＿＿＿＿＿＿＿

❹ この質問^{しつもん}についてどう思いますか。

　↳ ＿＿＿＿＿＿＿＿＿＿＿＿＿＿＿＿＿＿＿＿＿＿＿

❺ 課長^{かちょう}はもう出かけました。

　↳ ＿＿＿＿＿＿＿＿＿＿＿＿＿＿＿＿＿＿＿＿＿＿＿

❻ 昼^{ひる}には何を食べましたか。

　↳ ＿＿＿＿＿＿＿＿＿＿＿＿＿＿＿＿＿＿＿＿＿＿＿

❼ 明日^{あした}の会議^{かいぎ}が中止^{ちゅうし}になったことは知っていますか。

　↳ ＿＿＿＿＿＿＿＿＿＿＿＿＿＿＿＿＿＿＿＿＿＿＿

STEP 2 단문 작문하기 | ( ) 안의 단어를 넣어 존경 표현으로 일작해보자. |

[보기] 무슨 일이 있으시면 연락 주십시오. **(連絡)**

何かありましたら、ご連絡ください。

---

❶ 선생님은 언제 일본에 가셨습니까? **(いつ、行く)**

_____

❷ 매일 밤 몇 시 정도에 주무십니까? **(毎晩、休む)**

_____

❸ 변변치 않은 것입니다만 드십시오. **(つまらないもの、食べる)**

_____

❹ '사랑한다고 말해 줘' 라는 드라마를 보셨습니까?

(「愛してると言ってくれ」、ドラマ、見る)

_____

❺ 아버님은 어떤 일을 하십니까? **(どんな、仕事をする)**

_____

❻ 여기에 이름과 주소를 써 주십시오. **(名前、住所、書く)**

_____

❼ 야마다 씨, 언제 새로운 차를 사셨습니까? **(いつ、新しい、車、買う)**

_____

STEP 3 　중문 완성하기　| 밑줄 친 우리말을 존경 표현을 사용한 일본어로 옮겨보자. |

❶ 선생님은 매일 몇 시에 **학교에 가십니까?**

先生は毎日何時に _____

❷ 만약 아직 **이 영화를 보시지 않았다면** 함께 (보시는 것이) 어떠세요?

もしまだ _____ ご一緒にいかがですか。

❸ 입에 맞으실지 어떨지 모르겠습니다만, **어서 드십시오.**

お口に合うかどうかわかりませんが、 _____

❹ 대단히 죄송합니다만, **다시 한 번 여기에 성함을 써주십시오.**

大変申し訳ありませんが、 _____

❺ 시간이 없으므로 **서두르시는 것이 좋겠습니다만.**

お時間がありませんので、 _____

❻ **사용하시고** 원래 장소로 **돌려주십시오.**

_____ 元の場所に _____

❼ 부장님의 취미는 골프로, **주말에는 코스에 나가 연습하십니다.**

部長のご趣味はゴルフで、 _____

STEP 4 **중문 작문하기** | 제시된 단어를 넣어 다음을 일작해보자. |

단어 お元気^{げんき}ですか、次^{つぎ}、住所^{じゅうしょ}、引^ひっ越^こす、駅^{えき}、歩^{ある}く、静^{しず}かだ、住宅街^{じゅうたくがい}、近^{ちか}く、越^こす、ぜひ、寄^よる

---

p o s t c a r d

건강하십니까?

저는 9 월 25 일부터 아래 주소로 이사했습니다.

역에서 걸어서 10 분 정도의 조용한 주택가입니다.

근처에 오실 때에는 꼭 들러주십시오.

　9 월 5 일

　　　　　金 京玉

田中先生

STEP 5 　실력 기르기 　| 다음을 참고하여 이 과에서 배운 표현을 사용하여 일작해보자. |

拝啓(はいけい)

　先生、お元気でお過ごしでしょうか。

　これまでご連絡をいただくことをいたさないで申し訳ありませんでした。
（長の間）　　　（差し上げることができなくて）

私をご記憶なさっていらっしゃるかどうかわかりませんね。よく休む時間
（覚えて）　　　　　　　　　　　　　　　（でしょうか）　　　　　（み）

に大声(おおごえ)で叫(さけ)んで、先生にしかられて、一番後ろの席に一人で座(すわ)った者です。
　　　　　　　　　　　　　　　　　　　　　　　　　　　　　（てい）

もうお分かりでしょう。先生、もう40の坂(さか)をお越しになりましたね。どの

ようにお変りになりますかが気遣(きづか)わしいです。私はもう大学生の4年生です。
（なったか）　　　（がかり）　　　　　　　　　（になりました）

先月に教育実習(きょういくじっしゅう)ということをしてきました。学生たちの前で授業もしてみま
（に行って）

したが、そのとき先生のお心を理解(りかい)するの(こと)ができました。

　そして今、任用孝試の準備(じゅんび)をしておりますから、ぜひ試験に合格して定
（教員採用試験）　　　　　　　　　　　　　　　（が）　　　　　　　　（正）

式の教師になると伺いいたします。ますますご健康のほどをお祈りります。
（なったらお伺いします(うかが)）　　　　　　　　　　（の）　　（し）

　　　　　　　　　　　　　　　　　　　　　　　　　　　　　　敬具(けいぐ)

　　○○○○年○月○日

　　　　　　　　　　　　　　　　　　　　　　　ジョン　ウンヘ

　井上(いのうえ)先生

名前

작문공식

겸양 특별 동사 (159페이지 참조)	行く・来る–まいる / いる–おる
	する–いたす / 見る–拝見する / 見せる–お目にかける
お~する / お~いたす(和語)	傘をお持ちします
ご~する / ご~いたす(漢語)	私がご案内します

Tip 좀더 강한 겸양 표현으로 「(さ)せてもらう」와 「(さ)せていただく」가 있다.

예 帰らせていただきます。

STEP 1 **문장 완성하기** ｜ 주어진 문장을 보기와 같이 겸양 표현으로 고쳐보자. ｜

[보기]　先生に会える日を楽しみにしています。
　　　　↳ 先生にお会いできる日を楽しみにしております。

---

❶ それでは遠慮なく質問します。

　↳ _____

❷ 忙しいところをわざわざ来てもらって、ごめんね。

　↳ _____

❸ 私の家族の写真を見せましょう。

　↳ _____

❹ ちょっと電話を借ります。

　↳ _____

❺ 山田さんからお菓子をもらいました。

　↳ _____

❻ 郵便で送ります。

　↳ _____

❼ 旅行の写真を見ました。

　↳ _____

STEP 2   단문 작문하기 ㅣ ( ) 안의 단어를 넣어 겸양 표현으로 일작해보자. ㅣ

[보기]   발표회는 3월 15일로 변경되었습니다. (発表会、変更する)
発表会は3月15日に変更させていただきます。

---

❶ 본 가게에서는 카드는 이용하지 못하십니다. (当店、カード、利用)

_____

❷ 어딘가에서 뵌 적이 있는 듯한 기분이 듭니다만. (見る、気がする)

_____

❸ 몇 시간이라도 기다리겠습니다. (何時間、待つ)

_____

❹ 성함을 써 주시지 않겠습니까? (名前、書く)

_____

❺ 내일 방문해도 괜찮으십니까? (おじゃまする、いい)

_____

❻ 관계자가 안내해 드리겠습니다. (係りの者、案内)

_____

❼ 아이를 데리고 갈까요? (つれていく)

_____

STEP 3 중문 완성하기 ㅣ 밑줄 친 우리말을 겸양 표현을 사용한 일본어로 옮겨보자. ㅣ

❶ 요전에, **선생님을 만나 뵌 야마다라고 합니다.**

この間、_____

❷ 그 건에 대해서는 **제가 대답해 드리겠습니다.**

その件（けん）については、_____

❸ 지금 당장은 힘드니까 **다음에 다시 답변해 드리겠습니다.**

今すぐには無理（むり）ですので、_____

❹ 선생님께 상담 드리고 싶은 일이 있어, **한번 연구실로 찾아뵈어도 좋습니까?**

先生にご相談（そうだん）したいことがあるので、_____

❺ 내일 5시에 공항까지 **마중하러 가겠습니다.**

明日 5 時に空港まで_____

❻ **부장님께 말씀을 여쭙고 싶었습니다만,** 벌써 댁으로 돌아가셨습니까?

_____ もうお宅（たく）へ帰（かえ）られましたか。

❼ 뭔가 문제가 있으시면 **곧 교환해 드리겠습니다.**

何か問題（もんだい）がございましたら、_____

STEP 4 **중문 작문하기** ㅣ 제시된 단어를 넣어 다음을 일작해보자. ㅣ

단어
拝啓、深まる、紅葉、その後、お変わりなく、元気、過ごす、おかげさまで、
暮らす、アドバイス、参考、がんばる、心配、出張に行く、予定、そのとき、
ぜひ、会う、ご都合、それでは、お便りする、敬具

 배계 가을이 깊어지고 단풍이 아름다워졌습니다.
그 후, 변함없이 건강하게 지내고 계신지요. 저도 덕분에
건강하게 지내고 있습니다. 선생님께 받은 어드바이스를
참고로 노력하고 있으므로 걱정하지 마시기 바랍니다.
12월에는 일본에 출장 갈 예정입니다. 그 때, 꼭 선생님을
만나뵙고 싶습니다만, 사정이 어떠신지요?
그럼 또 편지 드리겠습니다. 부디 건강하게 계십시오.

　　　　　　　　　　　　경구

　10월 20일

　　　　　　최 영숙

井上 선생님

STEP 5 　실력 기르기　ㅣ 다음을 참고하여 이 과에서 배운 표현을 사용하여 일작해보자.ㅣ

石田さん、こんにちは。

春休み以来、一度もお目にかかっておりませんが、お元気ですか。

私は次の11月21日に20歳になりますので、誕生日パーティーをしよう
<u>来る</u>

と思っておりますが。だから、パーティーに石田さんを招待したいと思って
　　　　　　　　　　それで

おります。クラブのメンバーだった、山本さんもお誘いするつもりです。ぜ

ひお会いしたいので、ご一緒にいらっしゃってください。場所や時間などは

まだ決まっておりませんが、決まりましたら後でお電話を差し上げます。そ
　　　　　　　　　　　　　　　　　　　後ほど

れではよい返事、待っています。
　　　お　　　　お待ちしております

　　　　　　　　　　　　　　　　　　　　　　　オ　ハンナ

名前

존경어와 겸양어 비교

존경어	보통어	겸양어
なさる	する	いたす
いらっしゃる、おいでになる	来る	まいる
いらっしゃる、おいでになる	行く	まいる
～ていらっしゃる	～てくる、～ていく	～てまいる
いらっしゃる、おいでになる	いる	おる
～ていらっしゃる	～ている	～ておる
	訪ねる、訪問する	伺う
おっしゃる	言う	申す、申しあげる
	思う	存じる
ご存じです	知っている	存じている、おる
召し上がる	食べる、飲む	いただく
召す、お召しになる	着る	
(～が)お耳に入る、お聞きになる	聞く	伺う、承る、拝聴する
	会う	お目にかかる
	見せる	お目にかける
ご覧になる	見る	拝見する
～てごらんになる	～てみる	
	借りる	拝借する
	あげる	差しあげる
	～てあげる	～て差しあげる
	もらう	いただく、賜る
	～てもらう	～ていただく
くださる	くれる	
～てくださる	～てくれる	
	分かる	承知する

분야별 단어정리

1. 職業 직업

歌手 가수	芸能人 연예인
小説家 소설가	漫画家 만화가
芸術家 예술가	画家 화가
俳優 배우	女優 여배우
専業主婦 전업주부	美容師 미용사
店員 점원	パート 파트타임
教師 교사	公務員 공무원
医者 의사	看護婦(師) 간호사
会社員 회사원	銀行員 은행원
警察官 경찰관	弁護士 변호사
国会議員 국회의원	政治家 정치가
フリーター 프리타(아르바이트로 생계를 유지하는 사람)	
プログラマー 프로그래머	エンジニア 엔지니어
コック 요리사	デザイナー 디자이너
ウエートレス 웨이트리스	ウエーター 웨이터
パイロット 조종사	スチュワーデス 스튜어디스
サラリーマン 샐러리맨	OL(office lady) 직장 여성
ドライバー 운전수	ジャーナリスト 저널리스트

2. スポーツ 스포츠

野球 야구	剣道 검도
合気道 합기도	空手 공수도
柔道 유도	すもう 스모
水泳 수영	スキー 스키
ゴルフ 골프	テニス 테니스
サッカー 축구	バレーボール 배구
バスケットボール 농구	ボーリング 볼링

3. 趣味 취미

写真 사진	書道 서예
生け花 꽃꽂이	登山 등산
さかな釣り 낚시	旅行 여행
スポーツ観戦 스포츠 관람	ドライブ 드라이브
絵を描くこと 그림 그리기	音楽鑑賞 음악 감상
映画を見ること 영화 감상	ガーデニング 정원 손질
カラオケ 가라오케	パチンコ 파친코
ピアノ 피아노	バイオリン 바이올린
ギターをひくこと 기타 치기	ゲーム 게임

4. くだもの 과일

いちご 딸기	すいか 수박
ぶどう 포도	もも 복숭아
すもも 자두	みかん 귤
かき 감	りんご 사과
なし 배	くり 밤
うめ 매실	さくらんぼ 버찌
ざくろ 석류	バナナ 바나나
パイナップル 파인애플	オレンジ 오렌지
メロン 메론	レモン 레몬
キウイ(フルーツ) 키위	アボカド 아보카도
ブルーベリー 블루베리	

5. 野菜 채소

だいこん 무	はくさい 배추
にんにく 마늘	しょうが 생강
たまねぎ 양파	ねぎ 파
じゃがいも 감자	さつまいも 고구마
なす 가지	かぼちゃ 호박
にんじん 당근	かぶ 순무
ほうれんそう 시금치	とうもろこし 옥수수
よもぎ 쑥	しゅんぎく 쑥갓
ごぼう 우엉	たけのこ 죽순
しいたけ 표고버섯	まつたけ 송이버섯

きゅうり 오이　　ピーマン 피망　　ビビンバ 비빔밥　　石焼ビビンバ 돌솥비빔밥

キャベツ 양배추　　レタス 양상추　　食パン 식빵　　ジャム 잼

サニーレタス 상추　　アスパラガス 아스파라거스　　メニュー 메뉴　　今日のおすすめ 오늘의 추천요리

定食 정식　　ランチ 런치, 점심

勘定 계산　　～人前 ~ 인분

おおもり 곱빼기　　なみ 보통

注文 주문　　持ち帰り 가지고 갈 수 있음

6. 乗り物 탈 것

地下鉄 지하철　　電車 전철

JR(Japan Railway) JR　　新幹線 신칸센

飛行機 비행기　　船 배

自転車 자전거　　車 자동차

バス 버스　　タクシー 택시

バイク 모터바이크　　オートバイ 오토바이

パトカー 순찰차　　トラック 트럭

ボート 보트　　ヨット 요트

8. 飲み物 마실 것

焼酎 소주　　水割り 미즈와리

ビール 맥주　　生ビール 생맥주

日本酒 일본술　　洋酒 양주

ウーロン茶 우롱차　　緑茶 녹차

紅茶 홍차　　ミルク 우유

コーヒー 커피　　ココア 코코아

コーラ 콜라　　サイダー 사이다

ジュース 주스　　ワイン 와인

7. 食べ物 먹을 것

うどん 우동　　そば 메밀국수

すし 초밥　　回転ずし 회전초밥

さしみ 회　　なっとう 낫토

てんぷら 튀김　　豚カツ 돈가스

焼肉 불고기　　やきとり 꼬치구이

すきやき 전골　　しゃぶしゃぶ 샤부샤부

天どん 튀김덮밥　　牛どん 쇠고기덮밥

たぬきうどん 다누키우동　　きつねうどん 기츠네우동

親子どん 닭고기계란덮밥　　おかず 반찬

焼き魚 생선구이　　煮魚 생선조림

おこのみやき 오코노미야키, 일본식 빈대떡

たいやき 붕어빵　　たこやき 다코야키

おつまみ 안주　　するめ 오징어

鶏唐揚げ 닭튀김　　チキン 치킨

スパゲティ 스파게티　　ラーメン 라면

ホットドッグ 핫도그　　サンドイッチ 샌드위치

カレー 카레　　冷麺 냉면

9. 店 가게

文房具屋 문방구　　本屋 책가게

果物屋 과일가게　　八百屋 야채가게

パン屋 빵가게　　肉屋 정육점

すし屋 초밥집　　ラーメン屋 라면가게

薬屋 약국　　写真屋 사진가게

花屋 꽃가게　　くつ屋 구두가게

タバコ屋 담배가게　　ピアノ教室 피아노학원

100円ショップ 100엔 숍　　フリーマーケット 벼룩시장

デパート 백화점　　レストラン 레스토랑

スーパー 슈퍼

コンビニ(エンスストア) 편의점

リサイクルショップ 재활용가게

スポーツ洋品店 스포츠용품점

10. 学校生活 학교생활

大学生 대학생　　生徒 학생
先輩 선배　　後輩 후배
委員会活動 위원회활동　　休み時間 쉬는 시간
校長 교장　　教頭 교감
部活 동아리　　文化祭 문화제
学芸会 학예회　　作品展 작품전
運動会 운동회　　遠足 소풍
講義 강의　　単位 단위
科目 과목　　～限目 ~시간 째

11. 駅 역

駅員 역무원　　精算所 정산소
始発 첫차　　終電 막차
改札口 개찰구　　自動改札機 자동개찰기
ホーム 플랫폼　　～番線 ~번 플랫폼
遺失物取扱所 유실물 보관소　　みどりの窓口 녹색 창구
乗り換え 갈아타기　　普通(列車) 보통 열차
各駅停車 완행　　急行 급행
快速 쾌속　　特急 특급
グリーン車 녹색차(1등실)　　禁煙車 금연차
シルバーシート 노약자석　　定期券 정기승차권
回数券 회수권　　乗車券 승차권
指定券 지정 좌석권　　グリーン券 녹색차 승차권

12. 銀行 은행

通帳 통장　　口座(番号) 계좌(번호)
普通預金 보통예금　　定期預金 정기예금
手数料 수수료　　利子・利息 이자
元金 원금　　印鑑 인감
自動振り込み 자동이체　　自動引き落とし 자동인출
キャッシュカード 현금 카드　　暗証番号 비밀번호

ローン 대출(금)　　担保 담보
両替 환전　　円にかえる 엔화로 바꾸다
現金自動預入払出機（ＡＴＭ）현금자동인출기

13. 郵便局 우체국

郵便物 우편물　　郵便番号 우편번호
手紙 편지　　絵はがき 그림엽서
切手 우표　　ＥＭＳ 국제특급우편
小包 소포　　書留 등기
差出人 보내는 사람　　受取人 받는 사람
住所 주소　　あてな 수취인의 성명
船便 배편　　航空便、エアメール 항공편

14. 電話 전화

携帯(電話) 휴대전화　　公衆電話 공중전화
国際電話 국제전화　　電話番号 전화번호
内線番号 내선번호　　留守番電話 자동응답전화
テレホンカード 전화카드　　メッセージ 메시지
コレクトコール 수신자 부담 전화

15. 宿泊 숙박

和室 일본식 방　　洋室 서양식 방
カウンター 카운터　　受付 접수
予約する 예약하다　　宿泊する 숙박하다
宿泊カード 숙박카드　　部屋のカギ 방열쇠
一泊二食付き 1박 2식　　食事つき 식사 포함
チェックイン 체크인　　チェックアウト 체크아웃
シングル 싱글 룸　　ツイン 트윈 룸
ダブル 더블 룸　　ルームサービス 룸서비스
モーニングコール 모닝콜　　キャンセル 취소

혼동하기 쉬운 접속사 비교

そこで VS それで

そこで • 앞에 서술한 사항이 원인이나 전제가 되어, 뒤에 서술하는 사항이 일어나는 것을 나타낸다.
□ 教科書に意味の分からない言葉があった。そこで、辞書を引いてみた。
□ 医者にもっと運動するようにと言われた。そこで、日曜ごとに泳ぐことにした。

それで • 앞에서 서술한 사항이 이유가 되어 뒤에 일어나는 일에 계속 영향을 미치는 것을 나타낸다.
□ 飲みすぎてしまった。それで頭が痛い。
□ 妹は陽気で明るい。それで誰からも好かれている。

そして VS それから

そして • 앞의 사항을 받아 뒤에 연이어 일어나는 사항을 병렬하거나, 변화・행동 등의 추이와 귀결 등을 서술할 때 사용한다.
□ 空が一面くらくなった。そして大粒の雨が落ち始めた。
□ 彼女は文学、歴史そして音楽と幅広い活躍をしている。

それから • 어떤 일에 이어서 뒤에 순차적으로 다른 일이 일어날 때 사용한다.
□ 家に帰るとまず風呂に入り、それから夕食を食べる。
• 어떤 일이나 사태를 추가하여 말할 때 사용한다.
□ コーヒーを二つ、それからジュースもください。
　＊「それから」는「そして」보다 시간에 따른 순서의 의미가 강하다

つまり VS 結局

つまり • 앞에서 말한 내용을 간단히 정리하거나 환언할 때 사용한다.
□ 次郎は私の父の兄の息子だから、つまり、いとこだ。

結局 • 여러 가지 단계를 거쳐 최종적으로 결론 지어 말할 때 사용한다.
□ 冬休みは国へ帰ろうかスキーに行こうか迷ったが、結局、ソウルでアルバイトすることにした。

しかし VS けれども VS ところが

しかし • 앞에서 서술한 사항이나 상대의 판단과 대립되는 사항을 말할 때 사용한다.

□ 一郎は会長に選ばれた。しかし、会の会員が彼を支持しているわけではない。
• 앞에서 서술한 사항을 받아 화제를 바꿀 때 사용한다.
□ 日本の夏は暑い。しかし、今日は特別に暑い。

けれども • 앞에서 서술한 사항과 상반되는 관계에 있는 사항을 연결할 때 쓴다.
□ 娘は太っている。けれども息子はやせている。

ところが • 예상과는 반대의 결과가 나타났을 때 사용한다.
□ 彼女はよく努力した。ところが、受験に失敗した。

さて VS ところで

さて • 앞의 이야기를 받아 다음 이야기로 계속 이어갈 때 사용한다.
□ 今日は星について話します。さて、みなさん、星はどうして光るのでしょう。

ところで • 앞의 이야기와 전혀 관련 없는 화제로 바꾸어 말할 때 사용한다.
□ いい天気ですね。ところで、どちらへお出かけですか。

または VS もしくは VS あるいは

または • 두 개 이상의 사항 중에서 어느 것을 선택해도 좋다는 것을 나타낼 때 사용한다.
□ 電話または電報で知らせる。
　＊「または」는「あるいは」보다 격식차린 말투이다.

もしくは • 앞뒤의 사항 중에서 어느 한 쪽이 선택되는 관계에 있는 것을 나타낼 때 사용한다.
□ 万年筆もしくはボールペンで書くこと。

あるいは • 두 개 중 어느 쪽인지 다른 쪽도 가능성이 있다고 생각될 때 사용한다.
□ 進学しようか、あるいは就職しようかと迷っている。

ならびに VS および

ならびに • 같은 종류의 것을 나열할 때에 사용한다. 앞의 사항에 중점을 둔다.
□ 市長ならびに教育長の出席をえて卒業式を挙行した。

および • 비중이 동일한 사항을 연결할 때 사용한다.
□ 電車、バスおよび地下鉄などの交通機関を利用する。

～で、～ので

□ 大雨が降るというので、旅行の計画を見合わせました。 큰비가 내린다고 해서 여행 계획을 보류했습니다.

□ 金さんは日本語がぺらぺらで、よく日本人に間違えられます。 김 씨는 일본어가 너무 유창해서 자주 일본인으로 오해받습니다.

□ 今は忙しいので、後で電話します。 지금은 바쁘기 때문에 나중에 전화하겠습니다.

□ 頼まれたことをしばしば忘れるので、信用されなくなりました。 부탁받은 것을 종종 잊어버리기 때문에, 신용받지 못하게 되었습니다.

～ている、～てある

□ ずっと日程が詰まっています。 계속 일정이 꽉 차 있습니다.

□ おかげさまでプロジェクトは順調に進んでいます。 덕분에 프로젝트는 순조롭게 진행되고 있습니다.

□ 試験を一週間後に控えて緊張しています。 시험을 일주일 앞두고 있어 긴장하고 있습니다.

□ 赤ん坊は母親の腕の中で心地良さそうに眠っています。 아기가 어머니 팔 안에서 기분 좋게 자고 있습니다.

□ この写真はきれいに撮れていますね。 이 사진은 예쁘게 나왔네요.

□ この腕時計は３分進んでいます。 이 손목시계는 3분 빠릅니다.

□ 上手にならなくて困っています。 잘못해서 걱정입니다.

□ あのう、おつり、間違っているんですが。 저, 거스름돈 잘못 받았는데요.

□ 今、やっている映画は何ですか。 지금 상영하고 있는 영화는 무엇입니까?

□ 退職してからは、することもなくのんびり過ごしています。 퇴직하고 나서는 하는 일 없이 한가로이 지내고 있습니다.

□ 待合室に「禁煙」と「スモーキング」の両方の札がはってあります。 대합실에 "금연"과 "스모킹" 두 팻말이 붙어 있습니다.

～なる、～くる

□ 日本の新聞が読めるようになりました。 일본신문을 읽을 수 있게 되었습니다.

□ 私は病気のときには、油を使わないあっさりした味のものが食べたくなります。 나는 병에 걸렸을 때는, 기름을 사용하지 않은 담백한 맛의 음식이 먹고 싶어집니다.

□ 自分が親になってはじめて両親の気持ちが分かりました。 내가 부모가 되어서 비로소 부모의 마음을 알았습니다.

□ 先入観にとらわれると、本当の姿が見えなくなります。 선입견에 사로잡히면 진실된 모습이 보이지 않게 됩니다.

□ お正月の連休の最後の日には、上りの道路は車でいっぱいになります。 설 연휴 마지막 날에는 상행 도로는 차로 가득 찹니다.

□ 新幹線ができて日帰りの出張が多くなりました。 신칸센이 생겨 당일치기 출장이 많아졌습니다.

□ このごろ朝が涼しくなりましたね。 요즘 아침이 꽤 시원해졌습니다.

□ 芥川賞をもらってからは、一人前の作家として認められるようになりました。 아쿠타가와 상을 받아 한 사람의 작가로서 인정받게 되었습니다.

□ 銀行がオンラインになって、どこの銀行からでも、お金を出したり入れたりすることができるようになりました。 은행이 온라인이 되어 어느 은행에서도 돈을 찾거나 넣는 일이 가능해졌습니다.

□ このレストランはおいしいと口コミで広がって、お客が増えてきました。 이 레스토랑은 맛있다고 입소문으로 퍼져 손님이 늘어났습니다.

□ 転勤することになったので、当分、会えなくなります。 전근 가게 되어 당분간은 만날 수 없게 됩니다.

□ 転勤が国内になるか、あるいは外国になるか、まだ決っていません。 전근이 국내로 될지 혹은 외국으로 될지 아직 정해지지 않았습니다.

□ 若いころのことを思い出すと、懐かしくて涙が

出てきます。 젊었을 때의 일을 생각하면 그리워서 눈물이
나옵니다.
□ 今、話題になっています。 지금, 화제가 되고 있습니다.

〜たい、〜たがる

□ 予約を変更したいのですが。 예약을 변경하고 싶습니
다만.
□ 生け花は一生の趣味として、続けたいと思って
います。 꽃꽂이는 평생의 취미로서 계속하고 싶습니다.
□ 大学院に進んで、将来は日本語の先生になりた
いです。 대학원에 진학해서 장래는 일본어 선생님이 되고
싶습니다.
□ どんなに危険が多くてもぜひ登りたいです。 な
ぜなら、そこに山があるからです。 아무리 위험이
많다고 하더라도 꼭 오르고 싶습니다. 왜냐하면 거기에 산이
있기 때문입니다.
□ 若い人はだれもかれも車を持ちたがっていま
す。 젊은 사람은 누구나 차를 갖고 싶어 합니다.
□ このごろの高校生は、個性が表現できないから
と制服を着たがりません。 요즘 고등학생들은 개성을
표현할 수 없기 때문이라며 교복을 입고 싶어 하지 않습니다.

〜ください

□ ご家族のみなさんにくれぐれもよろしくお伝え
ください。 가족 여러분께 아무쪼록 안부 잘 전해 주세요.
□ おべんとうは各自ご持参ください。 도시락은 각자
지참해 주세요.
□ 早く元気になってください。 빨리 건강해지세요.
□ おつなぎしますので、切らないでお待ちくださ
い。 연결해드릴 테니 끊지 말고 기다려 주세요.
□ 別々にしてください。 따로따로 해 주세요.
□ いつでも気軽に遊びに来てください。 언제라도 가
벼운 마음으로 놀러오세요.
□ 先月、貸したお金を返してください。 지난달에 빌
려준 돈을 갚으세요.

〜てもいい、〜てはいけない

□ そんなに帰りたかったら帰ってもいいですよ。
그렇게 돌아가고 싶다면 돌아가도 좋습니다.
□ 車をとめてもいいですか。 차를 주차해도 좋습니까?
□ いつまでも親を頼りにしてはいけません。 언제까
지나 부모를 의지해서는 안 됩니다.
□ 忘れるといけないからノートに書いておきまし
た。 잊어버리면 안 되기 때문에 노트에 적어 두었습니다.
□ 証拠もないのに犯人と決めつけてはいけませ
ん。 증거도 없는데 범인으로 단정해 버려서는 안 됩니다.

〜なければならない、〜なくてはならない

□ 学費をかせぐためにアルバイトをしなければなり
ません。 학비를 벌기 위해서 아르바이트를 해야만 합니다.
□ 一度うそをついてしまうと、それがだんだん大
きくなって、その上にうそを重ねなければなら
なくなります。 한번 거짓말을 해 버리면 그것이 점점 커
져, 계속 거짓말을 반복하지 않으면 안 되게 됩니다.
□ 自分のことは自分でしなければならないと思いま
す。 자기 일은 자기가 해야 한다고 생각합니다.
□ そろそろ急がなければならないようです。 슬슬 서
두르지 않으면 안 될 것 같습니다.
□ 世の中で、なくてはならない人になりたいで
す。 이 세상에서 없어서는 안 되는 사람이 되고 싶습니다.
□ この仕事は明日までには終えなくてはなりませ
ん。 이 일은 내일까지는 끝내야 합니다.
□ セルフサービスの店では、自分で料理を運ばな
くてはいけません。 셀프서비스 가게에서는 자신이 요
리를 날라야 됩니다.

〜ことにする、〜ように、〜つもり

□ 合格をめざして勉強することにしました。 합격을
목표로 공부하기로 했습니다.
□ ご期待にそむかないように、ベストをつくしま
す。 기대에 져버리지 않도록 최선을 다하겠습니다.

□ 後で電話するように言っておきます。 나중에 전화
하도록 전하겠습니다.

□ 大学生になったので、勉強を高校生の時より
もっとがんばりたいと思います。 대학생이 되었기
때문에 고등학생 때보다 공부를 더 열심히 하려고 합니다.

□ 早いうちにそのようにいたします。 빠른 시일 내에
그렇게 하겠습니다.

□ 事業に失敗したが、気分を新たにして出直すつ
もりです。 사업에 실패했지만 새로운 마음가짐으로 다시
시작하려고 합니다.

～た方がいい、～ましょう

□ 外国旅行をする時には、あらかじめその国の歴
史や地理などを調べておいた方がいいです。 외
국여행을 할 때에는 미리 그 나라의 역사나 지리 등을 조사해
두는 것이 좋습니다.

□ 今からでも遅くないから、すぐ始めましょう。
지금부터라도 늦지 않으니까 곧 시작합시다.

～かもしれない

□ あの人に会えるかもしれないと思うと、胸がと
きめきました。 그 사람을 만날 수 있을지도 모른다고 생
각하니 가슴이 뛰었습니다.

□ 聞きたくないかもしれないが、あえて忠告して
おきます。 듣고 싶지 않을지도 모릅니다만, 감히 충고해
둡니다.

□ お荷物になるかもしれませんが、おいしいので
ぜひ持って帰ってみてください。 짐이 될지도 모르
겠습니다만, 맛있으니까 꼭 갖고 가보세요.

～そうだ、～だろう

□ 今にも雨が降り出しそうな天気ですね。 당장이라
도 비가 내릴 듯한 날씨군요.

□ 熱が高くて、明日遠足にはとても行けそうにあり
ません。 열이 높아서 내일 소풍은 도저히 못 갈 것 같습니다.

□ こんなにがんばって練習しているのに、なんで
うまくならないのだろう。 이렇게 분발해 연습을 하

고 있는데, 어째서 잘 되지 않는 것일까?

□ 明日は曇りのち晴れだそうです。 내일은 흐린 후 맑
겠다고 합니다.

～てもらう、～くれる

□ 一万円のところを八千円にまけてもらいまし
た。 1만 엔인 것을 8천 엔으로 할인받았습니다.

□ 先生は気軽に保証人になってくださいました。
선생님은 흔쾌히 보증인이 되어 주셨습니다.

□ だれも教えてくれない以上、自分で考えるしか
ありません。 아무도 가르쳐 주지 않는 이상, 자기가 생각
하는 수밖에 없습니다.

□ 日本に来たばかりのとき、田中さんがいろいろ
教えてくれました。 일본에 막 왔을 때, 다나카 씨가 여
러 가지로 가르쳐 주었습니다.

□ 「ただいま」と言うと、「お帰りなさい」と母
が迎えてくれました。 '다녀왔습니다' 라고 말하자, '어
서 와'라고 어머니가 맞아 주었습니다.

～なら、～ば、～たら、～と

□ 値段は高くても10年も使えるなら、長い目で見
て得と言えます。 가격은 비싸도 10년이나 사용할 수 있
다면, 긴 안목으로 보면 이득이라고 할 수 있습니다.

□ 私が尊敬する李先生に出す手紙なら、なおさら
きれいに書かなければなりません。 내가 존경하는
이 선생님에게 보내는 편지라면 더욱 깨끗이 써야만 합니다.

□ 冷蔵庫に入れれば、一週間ぐらいは持つだろ
う。 냉장고에 넣어 두면 1주일간은 갈 거야.

□ 高くても安くても質がよければ買います。 비싸든
지 싸든지 품질이 좋으면 사겠습니다.

□ どうも変なにおいがすると思ったら、魚がたく
さんくさっていました。 아무래도 이상한 냄새가 난다
고 생각했더니, 생선이 많이 상해 있었습니다.

□ サケは秋になると、自分が生まれた川に帰って
きて、たまごを生む不思議な魚です。 연어는 가을
이 되면, 자기가 태어난 강으로 되돌아와 알을 낳는 이상한 물
고기입니다.

□ 今日は日曜日だと勘違いしてゆっくり寝ていた
ら、会社から電話がかかってきました。 오늘은 일
요일이라고 착각해서 푹 자고 있었더니, 회사에서 전화가 걸
려 왔습니다.

□ タクシーに乗ったら、電車よりかえって時間が
かかってしまいました。 택시를 탔더니 전철보다 오히
려 시간이 더 걸려 버렸습니다.

～(ら)れる、～(さ)せる

□ おもしろいからと勧められた本だが、読んでみ
て、なるほどと思いました。 재미있다고 추천을 받은
책인데, 읽어 보니 정말 그렇다고 생각했습니다.

□ 次郎はカンニングをして先生にひどくしかられま
した。 지로는 커닝을 하다가 선생님에게 매우 혼났습니다.

□ 彼は楽な仕事は自分がして、いやな仕事だけ部
下にやらせるきたない上司です。 그는 편안한 일은 자
기가 하고, 하기 싫은 일만 부하에게 시키는 비열한 상사입니다.

□ みんなを笑わせるために冗談をいう李先生はす
ばらしいです。 모든 사람을 웃기기 위해서 농담을 하는
이 선생님은 훌륭합니다.

□ どうも医者がお酒をやめさせたらしいですよ。
아무래도 의사가 술을 마시지 말라고 한 것 같아요.

□ ちょっと味見させてください。 잠깐 맛을 보게 해 주
세요.

□ 道で転んだが、通りすがりの人に助けられまし
た。 길에서 넘어졌는데 지나가는 사람이 도와 주었습니다.

존경과 겸양

□ おっしゃるとおりにします。 말씀하신대로 하겠습니다.

□ みなさまお元気でいらっしゃいますか。 모두 건강
하십니까?

□ お忙しいところをわざわざおいでくださいまし
て、ありがとうございます。 바쁘신데 일부러 와 주
셔서 감사합니다.

□ お食事でもいっしょにいかがですか。 식사라도 함
께 어떻습니까?

□ 何もありませんが、どうぞお召し上がりくださ
い。 아무 것도 차린 것이 없습니다만 어서 드세요.

□ お名前をもう一度おっしゃってください。 이름을
한 번 더 말씀해주세요.

□ 間違った番号におかけですよ。 잘못된 번호로 거셨
어요.

□ お決まりでしたらお呼びください。 정해지시면 불
러 주세요.

□ ご一緒でよろしいですか。 함께 (계산)해도 될까요?

□ 深くお詫び申し上げます。 깊이 사과드립니다.

□ お会いできるのを楽しみにしています。 만날 수 있
는 날을 기대하고 있습니다.

□ どうぞご遠慮なく、足を崩してください。 부디 사
양 마시고 발을 편하게 하세요.

□ 山田先生の研究発表はとても興味深く聞かせて
いただきました。 야마다 선생님의 연구발표는 매우 흥
미 깊게 잘 들었습니다.

□ どちら様にご連絡すればよろしいでしょうか。
어느 분에게 연락하면 됩니까?

□ どこかでお会いしたような気がしますが。 어딘가
에서 만나 뵙던 것 같습니다만.

□ ここで待たせてもらってもいいですか。 여기에서
기다려도 됩니까?

□ 午前10時にうかがうとお伝えてください。 오전
10시에 찾아뵙겠다고 전해 주세요.

□ 私たちの会のために、大切な時間をさいていた
だいて本当にありがとうございます。 우리들의 모
임을 위하여 귀중한 시간을 내 주셔서 정말로 고맙습니다.

□ 北朝鮮の問題についてお話させていただきたい
と思いす. 부한 무제에 대하여 이야기하려고 합니다.

□ 残念ですが、先約がありますのでこちらからお
電話します。 유감스럽습니다만 선약이 있어서 이쪽에서
전화 드리겠습니다.

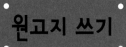

원고지 쓰기

❑ 일본 대학이나 대학원 진학 시험시 서술 답안은 원고지에 써서 제출하므로 알아두는 것이 좋다.

1 제목은 첫 행의 3~4칸 정도를 띄우고 쓴다.

2 성명은 성과 이름 사이는 한 칸을 띄우고 이름 뒤에도 한 칸 정도 여유를 둔다.

3 단락의 처음은 한 칸 들여 쓴다. 회화문은 한 칸씩, 인용문은 두 칸씩 들여 쓴다.

4 촉음과 요음의 작은 'ゃ, ゅ, ょ'는 한 칸에 한 자씩 쓰고, 숫자와 알파벳은 한 칸에 두 자씩 쓴다.

5 '。', '、', '（ ）', '「 」', '『 』', '─', '…' 등은 각각 한 칸씩을 차지한다. 단, 구두점 및 부호가 행의 첫 번째 칸에 오게 될 때에는 앞 행의 마지막 칸에 글자와 함께 쓰며, 이 때 구두점과 기호가 겹쳐 오게 될 경우에는 한 칸에 함께 쓴다.

◯ 옆 페이지의 원고지에 쓰인 내용을 규칙에 맞추어 아래 원고지에 옮겨 적어봅시다.

私の友達

キムヨンス

今から紹介する友達は私にとって特別な存在です。彼と最初に出会ったのは、高校の新入生の時だったんです。最初の印象は"あまり仲良くならないかもしれない……"と感じましたが、時間が過ぎると彼と馬が合って仲良くなりました。彼はまじめな性格で、人柄もいいし、成績もスポーツもよくできたので、いつも回りの人から人気がありました。私は彼が私の友達なので誇りでした。

高校を卒業した後は私たちは自分の夢に向かって旅立ちました。彼は数学と科学が上手だったので、建築の大学校に入って、私は日本語学科に入学しました。彼の学校と私の学校は遠かったので、高校の時より会う機械が少なくなりました。だけど会う度に"自分の将来のために頑張ろう"とお互いが応援しました。その後私は軍隊に入ったり、彼は大学校を卒業したりなどいろんなことがありました。

❑ 일본의 편지 쓰기는 첫머리(起首)⇨전문(前文)⇨본문(本文)⇨말문(末文)⇨맺음말(結語)⇨날짜⇨서명⇨수신인의 성명 등의 순서로 구성되는데, 가로 쓰기의 경우 수신인의 성명이 첫머리 앞에 오는 경우도 있다.

1 **첫머리(起首)**-편지 첫머리에 쓰는 관습적인 인사말로 맺음말과 잘 조합하여 쓴다. 요즘에는 격식 차린 편지 이외에는 잘 쓰지 않고 바로 전문으로 시작하는 경우가 많다.

	첫머리	맺음말
일반적인 경우	拜啓	敬具
전문 생략	前略	早々
일반적인 답신	拜復	敬具

2 **전문(前文)**-본문을 시작하기 전의 의례적인 인사말로, 대개 계절과 안부 인사로 구성된다.

3 **본문(本文)**-전하고자 하는 주된 내용을 적는다.

4 **말문(末文)**-편지를 마무리하는 인사말을 적는다.

5 **맺음말(結語)**-첫머리와 잘 대응하도록 쓴다. 뒤에서 한 자 들여서 쓴다.

6 **날짜**-편지를 쓴 날짜의 연월일을 쓴다. 두 자 들여서 쓴다.

7 **서명**-보내는 사람의 이름을 쓴다.

8 **수신인의 성명**-받는 사람의 이름을 존칭과 함께 쓴다.

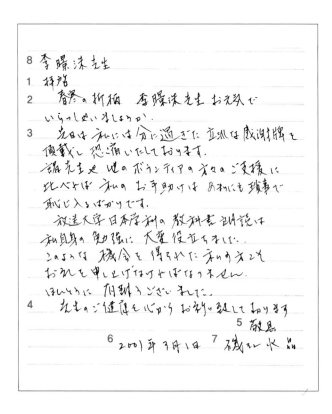

❏ 일본도 우리와 같이 연하장을 주고받는데, 일본 우체국에서는 1월 1일 일제히 배달하기 위해서 12월
부터 전용 우편함을 설치한다고 한다.

1   신년축하 인사말
2   전년도의 보살핌에 대한 감사
3   올해의 결의나 포부
4   올해의 보살핌과 지도 등에 대한 부탁
5   날짜 쓰기

今年もよろしくおねがいします
〒110-5001 ソウル市鐘路区梨花洞○番地

❑ 7월 20일경부터 입추 전날까지 가장 더운 시기에 상대방의 안부를 묻는 편지이다.

1 복중 문안 인사말 쓰기
2 안부 묻기
3 보내는 사람의 근황에 대한 알림
4 받는 사람의 건강을 기원하는 말
5 날짜 쓰기

暑中お見舞い申し上げます。

トンウンさん、お元気ですか。
ぼくは今夏休みなので、広島のおじいちゃんの家にいます。
この前は宮島と原爆ドームに行って来ました。
今回の旅行は世界の平和について考えさせられるいい機会になりました。戦争の恐ろしさを知り、絶対に戦争があってはいけないと思いました。今度は長崎へ行ってみたいと思います。
それでは、お元気で。
　　　7月28日

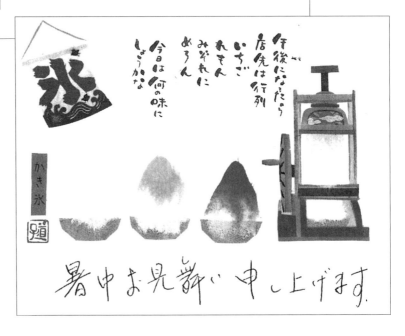

전자메일 쓰기

❏ 요즘은 통신의 발달로 편지나 엽서보다 빠르게 주고받을 수 있는 전자메일이 더 활발하게 이용되는 추세이다. 전자메일은 편지처럼 형식에 얽매이지 않고 용건만 간단히 전하는 것이 좋다. 전자메일은 예기치 못한 통신상의 장애로 제대로 배달이 되지 않는 경우도 있으므로 중요 문건인 경우 보낸 사람의 불안감을 해소시켜 주기 위해 가능한 한 읽었다는 답장을 하는 것이 좋다.

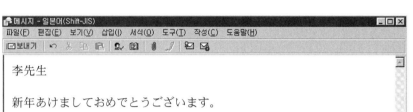

李先生

新年あけましておめでとうございます。
本年もよろしくお願いいたします。

新年のごあいさつ、メールにて失礼いたします。昨年は、いろいろとありがとうございました。ソウルでの一人暮らしははじめての年でしたので、大学生活以外にもいろいろと大変なこともあり、勉強になりました。

新年は実家の広島に行き、親戚の甥や姪と遊んできました。
大雪が降り、とても楽しかったです。

今年はどんな年になるか楽しみですが、なによりも世界平和を願うばかりです。

それでは。

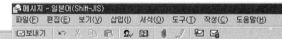

　イ　ギョンス先生

時下ますますご清祥のこととお慶び申し上げます。

さて、私ことこのたび、一年間の語学研修で日本の東京に行くことになりました。
先生には、これまで公私にわたり格別のご厚情を賜りまして、まことにありがとうございました。また、今後とも一層のご指導とご鞭撻を賜りますようお願い申し上げます。

まずは略儀ながらメールにてご挨拶申し上げます。
　　2005年9月

　　　　　　　　　　　　　　　　　　　　　ホン　キルドン

履 歴 書　　　2009年 4月 15日現在

ふりがな	い	みょふん	印
氏　名	李	美薫 薫	※男・(女)

生年月日　1986年 5月 20日生　(満 22歳)

ふりがな　そうるし じょんろぐ いふぁどん
現住所　〒110-5001　ソウル市鍾路区梨花洞○番地
電話など　(12)345-6789

ふりがな
連絡先　〒　　　　　　(現住所以外に連絡を希望する場合のみ記入)
電話など　　　　　　　　　　　　　方

写真をはる位置
写真をはる必要が
ある場合
1. 縦 36～40 mm
　 横 24～30 mm
2. 本人単身胸から上
3. 裏面のり づけ

学歴・職歴(各別にまとめて書く)

年	月	学　歴
1999	2	韓国ソウルひらがな小学校卒業
1999	3	韓国ソウルかたかな中学校入学
2002	2	韓国ソウルかたかな中学校卒業
2002	3	韓国ソウルかんじ高等学校入学
2005	3	韓国ソウルかんじ高等学校卒業
2005	2	韓国ソウルわか大学入学
2009	2	韓国ソウルわか大学卒業
		職　歴
		なし
		賞　罰
		なし
		以上

記入上の注意　1. 鉛筆以外の黒又は青の筆記具で記入。　2. 文字はくずさず正確に書く。
3. ※印のところは、該当するものを○で囲む。

年	月	免許・資格

自覚している性格
粘り強さと協調性に富んだ性格

得意な科目・分野
国際情報論

スポーツ・クラブ活動・文化活動などの保健から得たもの
大学時代演劇部で活動

特技など
合気道2段、剣道1段

志望の動機
大学在学中に訪れた日本で、日韓における歴史と文化の類似性と相違性を知り、興味を持つようになりました。それが契機となって大学院で勉強したいと思いました。特に、日韓両文化の相違点の対照研究を行いたいと思います。

本人希望記入欄(特に給料・職種・勤務時間・勤務地・その他についての希望などがあれば記入)
将来を見据えて無限の能力を発揮したいと思います。

通勤時間　約 1 時間 30 分	扶養家族数(配偶者を除く) なし 人	配偶者 ※有・(無)	配偶者の扶養義務 ※有・(無)

保護者(本人が未成年者の場合のみ記入)
ふりがな
氏　名　　　　　　　　　　印
住　所　〒

リサイクルペーパーを使用しております。

はじめまして。

私は李民守と申します。

趣味はスポーツ観戦です。スポーツなら何でも好きです。特に、野球が大好きで、ロッテのファンです。野球の話ならいつでも誘ってください。私は韓国○○大学の日本語学科に通いながら、情報会社につとめております。昼は会社で、夜は大学で勉強しています。仕事は、世界のインターネットの情報を分析し、国内で応用できるように開発するとてもおもしろい仕事です。大学では語学の勉強ばかりでなく日本の文化、歴史、経済なども勉強しています。大学に入ってグローバルな世界を知り、有益な毎日を送っています。将来は経営大学院に進学して、国際経営学を勉強したいと思っています。それから大学院で勉強した成果を生かして会社を経営しようと思います。夢に向かって悔いのない充実した大学生活を送りたいと思います。

どうぞよろしくお願いします。

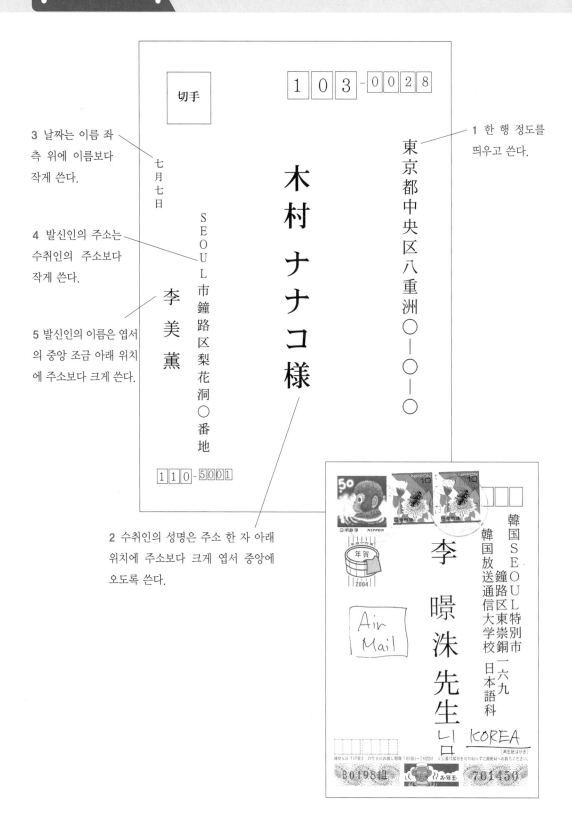

1 한 행 정도를 띄우고 쓴다.

3 날짜는 이름 좌측 위에 이름보다 작게 쓴다.

4 발신인의 주소는 수취인의 주소보다 작게 쓴다.

5 발신인의 이름은 엽서의 중앙 조금 아래 위치에 주소보다 크게 쓴다.

2 수취인의 성명은 주소 한 자 아래 위치에 주소보다 크게 엽서 중앙에 오도록 쓴다.

봉투 쓰기

❏ 세로 쓰기

▼ 뒤

3 좌측 상단에 작게 쓴다.

▼ 앞

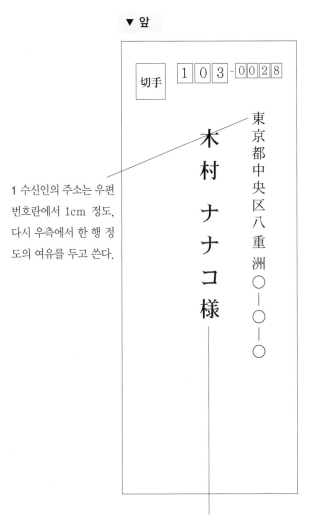

1 수신인의 주소는 우편 번호란에서 1cm 정도, 다시 우측에서 한 행 정도의 여유를 두고 쓴다.

2 성명은 주소에서 한 자 아래 위치에 주소보다 크게 글자 사이를 넓혀 봉투 너비의 중앙에 오도록 쓴다.

4 발신인의 주소와 성명은 수취인의 주소와 성명보다 조금 작게 쓴다.

지역 문화제와 작문 콘테스트를 알리는 포스터.

거리에 붙어 있는 아르바이트 모집 광고.

도시락의 나라 일본. 다양한 메뉴, 저렴한 가격, 깔끔한 맛으로 샐러리맨과 학생들에게 인기가 높다.

복권을 파는 가게. 연말 점보 복권 판매시에는 말쑥한 양복 차림으로 줄지어 늘어서 복권을 사는 사람들의 행렬을 볼 수 있다.

일본 대중목욕탕 입구에 걸려 있는 남탕과 여탕의 표시.

합격이나 취직 등 소원을 적어 신사나 절에 봉납하는 絵馬.

자원 재활용을 높이기 위해 빈 병, 신문이나 잡지, 그 외의 쓰레기로 나누어 놓은 일본의 쓰레기통.

그 날의 추천요리와 가격을 적어 놓은 식당 메뉴판.

일본의 파출소. 길을 잃었을 때 친절히 가르쳐 준다.

집을 구할 때 찾게 되는 일본 부동산 가게.

일본 서점

약과 잡화를 함께 파는 일본의 약국.

전철의 출구 표시

전철의 환승 표시

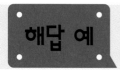
01과

STEP 1

① 金さんは日本人と同じぐらい日本語が上手です。

② お酒の中で一番好きなのはワインです。

③ お金より大事なのは心です。

④ アパートと一軒屋とどちらの方が好きですか。

⑤ 小説とまんがと映画の中でどれが一番いいですか。

⑥ 良子の方があき子より若いです。

⑦ 愛のない家庭より一人暮しの方がまだいいです。

STEP 2

① 試験は思ったよりやさしかったです。

② 私は先輩と同じぐらいサッカーが好きです。

③ 日本で一番人気のある作家は夏目漱石です。

④ CDとMDの中でどちらが高いですか。

⑤ 赤と青と黒の中でどれが好きですか。

⑥ 地下鉄とバスの中でどちらの方が便利ですか。

⑦ 田中さんは三人の中で一番頭がいいです。

STEP 3

① 父はお酒の中でワインが一番好きですが、友だちの前ではよくビールを飲みます。

② 金さんの日本語の実力は、昔はそれほどもありませんでしたが、今では日本人と同じぐらい上手に話せます。

③ 親は子どもに期待するのと同じぐらい、子どもも親に期待しています。

④ 人はお金より心が大事だと言いますが、実際はお金も大事だと思います。

⑤ にわとりのたまごとにわとりとどちらが先か考えたことがありますか。

⑥ 今の経済力で、家を買うのと借りるのとどちらがいいと思いますか。

⑦ この本の中でどれが一番参考になると思いますか。

STEP 4

　私はお酒が大好きです。ご飯を食べるのと同じぐらいお酒を飲むのが好きです。私はウイスキーとビールと日本酒の中でビールが一番好きです。日本酒はあつかんと冷酒のどちらもおいしいです。おつまみには焼き魚が一番好きです。

02과

STEP 1

① この部屋は、そうじしてありますか。

② このカメラに名前が書いてありますか。

③ 私の弟と妹は学校に通っています。

④ 父はカナダに行っています。

⑤ めがねをかけている人が山田さんです。

⑥ 壁に日本の地図がはってあります。

⑦ ホテルの予約はしてあります。

STEP 2

① 子どもたちは外で遊んでいます。

② 山田さんは今シャワーをあびています。

③ 窓が閉めてあります。

④ 黒いスカートをはいている人は誰ですか。

⑤ 大切なものはメモ帳に書いてあります。

⑥ 会議の資料は30部コピーしてあります。

⑦ 私は毎朝ジョギングをしています。

STEP 3

① 李先生は今研究室で勉強していますが、朴先生は今テニス場でテニスをしています。

② 鈴木さんは黒いズボンをはいていて、野村さんは青いセーターを着ています。

③ さちこさんは今、部屋のそうじをしていますが、みちこさんは今、テレビを見ています。

④ 手紙を出したいんですが、切手がはってありません。

⑤ この机の引き出しにはお金が入れてありますが、あの引き出しには書類が入れてあります。

⑥ 山田さんのカードには「誕生日おめでとう」と書いてありました。

⑦ 日本大使館の電話番号は知っていますが、日本文化院の電話番号は知らないのでメモしてありました。

STEP 4

　ものには名前がつけてあります。私たちにも、それぞれの名前がついています。ボア、たかこ、ちよこというように。私たちが知っている動物にも全部名前がついています。いぬ、うま、さるなどなど。私が飼っている金魚には、たまちゃんという名前がつけてあります。

STEP 1

① 交通事故のため、遅れてしまいました。
② インターネットは便利だから、いつも使っています。
③ 天気が悪いので、遠足は延期です。
④ 席が空いているから、移りました。
⑤ 病気で大学院の進学を断念しました。
⑥ 雨が降ったために、試合は中止です。
⑦ 山田さんはたばこをやめたので、ストレスのためかよく食べます。

STEP 2

① 今日はちょっと忙しいので後でします。
② 事故のため現在３キロの渋滞です。
③ 台風のせいで、野菜が値上がりしています。
④ 天気がいいので、外に散歩に出かけます。
⑤ 先生、電車が遅れたので遅刻してしまいました。
⑥ アフリカでは病気のために、多くの子供たちが苦しんでいます。
⑦ 地下鉄は不便なため、バスで通っています。

STEP 3

① この牛乳は買ってから３週間経ちますから、もう腐っています。
② 私が住んでいるマンションは、駅から近くて便利なので、家賃が少し高いです。
③ この小説は難しい単語が多くて、読むのに１ヶ月かかりました。

④ この前起きた地震で、現在もたくさんの人が避難生活をしています。
⑤ 突然降ってきた雪のせいで、前に進めない車が道にたくさん止っています。
⑥ 彼女の無神経な言葉のため(に)、彼は傷付いてしまいました。
⑦ 山田さんが来なかったため(に)、その場の雰囲気が盛り上がりませんでした。

STEP 4

８月２５日　晴れ

　今日、友だちと喫茶店に行きました。喫茶店の中はとても涼しくて気持ちがよかったです。

　でも、クーラーの風が当たる席だったので、寒くて、空いていた他のテーブルに移りました。このごろは、外と中の気温差が激しいので、かぜをひく人が多いです。

　外は暑いし、中は寒いし、大変な一日でした。

STEP 1

① コーヒーに砂糖を入れたので、甘くなりました。
② 日本語が上手になるように毎日テープで練習します。
③ この辺は昔より静かになりました。
④ 今年の夏は去年より暑くなりました。
⑤ 手話も少しずつ分かるようになりました。
⑥ 道路が拡張されたために車が増えて、だんだん住みにくくなりました。
⑦ 彼は大学を卒業後、英語の先生になりました。

STEP 2

① きのうはうるさかったのですが、今日は静かになりましたね。
② 円安になると、日本からの輸出がしやすくなります。
③ 今は運転できるようになりました。
④ いっしょうけんめい働いてお金持ちになりました。

⑤ 夏休みになると教師は忙しくなりますが、学生はひまになります。

⑥ 飲みすぎはよくありませんが、少しのお酒は薬になります。

⑦ 簡単な漢字は読めるようになりました。

STEP 3

① ３年付き合った彼女と結婚して、幸せになりました。

② 先週山田さんは風邪をひいて大変だったのですが、もうすっかり元気になりました。

③ この辺りは、昔は静かなところだったのですが、今はずいぶんにぎやかになりました。

④ このごろ日本人の先生とたくさん日本語で話したので、だんだん上手になりました。

⑤ 日本語を忘れないように、毎日日記を書いています。

⑥ この前までは寒い日が続きましたが、今は暖かくなり、窓からさくらが見えます。

⑦ 以前は大きい車がよく売れていましたが、このごろはガソリン代が高くなったので、小さい車がよく売れるようになりました。

STEP 4

最近、だんだん涼しくなってきました。今年の夏は去年より暑くなかったので、楽しく英語の勉強ができました。小さいころからの夢は英語の先生になることでした。それで、英語をいっしょうけんめい勉強しました。今は英会話もずいぶん上手になりました。

05과

STEP 1

① きっぷの予約の確認をお願いしたいです。

② 誕生日のプレゼントに何がほしいですか。

③ 金さんはデジカメコーナーを見たがっています。

④ 山田さんは新しい恋人をほしがっています。

⑤ 李先生は温泉へ行きたがっています。

⑥ 彼女に手紙を書いてほしいです。

⑦ 私は両親のいない子どもを助けたいです。

STEP 2

① 一日でも早く彼に会いたいです。

② 若い人たちは流行の服を着たがっています。

③ 田中さんは来年アメリカへ行きたがっています。

④ 僕は新しい日本語の辞書がほしいです。

⑤ 山田さんは外車をほしがっています。

⑥ スピーチ大会について教えてほしいです。

⑦ 大学院で東洋史を専攻したいです。

STEP 3

① 一度、直接日本人に会って、日本人の考えを聞いてみたいです。

② 彼女に私の気持ちを伝えたいですが、恥ずかしくてなかなかできません。

③ 山田さんは英文学を専攻しているので、アメリカに行きたがっています。

④ 最近、山内さんは車の免許を取ったので、いつも運転したがっています。

⑤ つまらない会議に誰か代わりに出席してほしいです。

⑥ お金があれば、赤い外車のオープンカーがほしいです。

⑦ 山本さんは人と違って、あまりハンサムではない恋人をほしがっています。

STEP 4

私が今一番ほしいものは、もう一人の自分です。私とそっくりで、誰が見ても私だとしか思わないもう一人の自分がほしいです。もう一人の自分が大学で勉強しているとき、私は家でコンピュータで遊んだり、本を読んだりしたいです。そして、もう一人の自分がいっしょうけんめい勉強した知識は、私の頭の中にも自然に入ってきてほしいです。でも、もう一人の自分が私と同じように遊んでばかりいる可能性があります。もう一人の自分は私のように怠け者ではありませんように。

06과

STEP 1

① 道を教えてくださいませんか。

② この薬を食事の後に飲んでください。

③ 辞書を貸していただけませんか。

④ お湯が沸いたら火を止めてもらえませんか。

⑤ 韓国に遊びに来てくださいませんか。

⑥ 駅まで乗せていただけますか。

⑦ ちょっと手伝ってもらえますか。

STEP 2

① 電話番号とメールアドレスを教えてください。

② この本を山田さんに渡してもらえませんか。

③ トイレを貸してくれませんか。

④ 禁煙席に変えてもらえませんか。

⑤ すみませんが、このかばんを宅配便で送っていただけませんか。

⑥ うちの犬も散歩に連れていってくれませんか。

⑦ お母さんによろしくお伝えください。

STEP 3

① きのう授業を欠席したので、宿題の範囲を教えてください。

② その辞書、使い終わったら、ちょっと貸してもらえませんか。

③ たばこを吸わないので、禁煙席に変えてくださいませんか。

④ 人手が足りなくて困っているのですが、もしよかったら手伝ってくださいませんか。

⑤ 田中さんと連絡を取りたいのですが、彼の電話番号を教えてもらえませんか。

⑥ 彼女の誕生日プレゼントを買いたいのですが、ちょっと買い物に付き合ってもらえませんか。

⑦ もし木村さんに会ったら、このプリントを渡してもらえませんか。

STEP 4

お母さんへ

　あした試験があるので早く起こしてください。図書館で夜遅くまで勉強するので、お弁当を二つ作ってください。

　一つはサンドイッチ、もう一つはのりまきを作ってください。

07과

STEP 1

① 車をとめてもいいですか。

② ネクタイをしめなくてもかまいません。

③ 部屋は狭くてもいいです。

④ 手続きは本人で(は)なくてもいいです。

⑤ キムチを入れてもいいですか。

⑥ 友だちを連れていってもいいですか。

⑦ この箱を開けてもいいですか。

STEP 2

① 明日、学校へ来なくてもいいですか。

② 学校に制服を着ないで行ってもかまいませんか。

③ 部屋は暖かくなくてもかまいません。

④ レポートは短くてもかまいません。

⑤ この写真を田中さんにあげてもいいですか。

⑥ この中にあるものは何でも自由に使ってもいいです。

⑦ 時間がたくさんあるので、そんなに急がなくてもいいです。

STEP 3

① すみません。ここでたばこを吸ってもいいですか。

② 携帯電話を家に置いてきたのですが、この電話を借りてもいいですか。

③ 量が多いですから、無理に全部食べなくてもいいです。

④ まだ若いですから、今すぐに夢を見つけなくてもいいと思います。

⑤ たぶん覚えられる量だと思いますから、メモを取らなくてもかまいません。

⑥ 私は気にしていませんから、そんなに気を使わなくてもいいです。

⑦ 正確でなくてもいいですから、わかる範囲で答えてください。

STEP 4

ただいま、店頭でお客様にアンケートをするアルバイト生を募集しています。男性でもいいですし、女性でもいいです。明るくて人と接することが得意な人を募集します。家が遠い人でもけっこうです。交通費が全額支給されます。また、朝9時から夜の9時の間で働ける人を探しています。最低4時間働けることが条件になります。時給は1,000円になります。連絡は、当店の係員までお願いします。

08과

STEP 1

❶ テストはえんぴつで書いてはいけません。

❷ 弱い者をいじめてはいけません。

❸ 宿題をすまさないうちは、遊びに行ってはいけません。

❹ プレゼントはあまり安くてはいけません。

❺ ここに勝手にごみを捨ててはいけません。

❻ 子どもは夜遅くまでテレビを見てはいけません。

❼ 飲んではいけないから、子どもの手の届かない所に置いてください。

STEP 2

❶ 子どもを連れていってはいけません。

❷ こんなことは誰にも言ってはいけません。

❸ 明日の会議には遅刻してはいけません。

❹ 風邪を引いた時には、お酒を飲んではいけません。

❺ この道は危険だから、運転してはいけません。

❻ この店はペットをつれて入ってはいけません。

❼ 人のレポートをそのまま写してはいけません。

STEP 3

❶ お酒を飲んだときは、絶対に車を運転してはいけません。

❷ このマークは、「ここではたばこを吸うな！」という意味です。

❸ 父からいつも「学校の授業をさぼるな！」と言われています。

❹ 医者から「甘いものは食べるな！」と言われているので、今回は遠慮しておきます。

❺ 注射を打ちましたので、今日はお風呂に入ってはいけません。

❻ 撮影は禁止されていますので、ここで写真を撮ってはいけません。

❼ 知らない人がお菓子をくれても、ついて行ってはいけませんよ。

STEP 4

最近、若い人でも成人病にかかる人が多いと聞きます。成人病にならないために、なんといっても食事に気をつけてください。食べすぎてはいけません。食事は腹八分目にしてください。もちろん、お酒をたくさん飲んでもいけません。お酒を飲まない日を決めて、調節しながら飲んでください。また、運動不足になってもいけません。運動をする習慣を身につけてください。

以上のことに気をつけて、あなたも成人病にかからないようにしてください。

09과

STEP 1

❶ 毎日30分ほど本を読むつもりです。

❷ 会社をやめようと思っています。

❸ これからは絶対に人の陰口を言わないつもりです。

❹ 中古車を買うことにしました。

❺ 英会話を習おうと思っています。

❻ 明日からジョギングをすることにしました。

❼ これからは毎日寝坊しないつもりです。

STEP 2

❶ 用事ができたので、旅行は延期することにします。

❷ 卒業しても先生に連絡するつもりです。

❸ さびしいので猫を一ぴき飼おうと思っています。

❹ これから図書館へ行くつもりです。

❺ もう決してたばこは吸わないつもりです。

❻ 今日はどこへも行かないで、勉強することにしました(よ)。

❼ 健康のために、食べ過ざないつもりです。

STEP 3

❶ アルバイト代を貯金して、コンピュータを買う
つもりです。

❷ 本場の味を学ぶために、来年フランスに留学す
るつもりです。

❸ もう二度とたばこは吸わないつもりですが、や
はりお酒はやめられません。

❹ このごろ食べ過ぎて５キロも太ったので、ダイ
エットをしようと思っています。

❺ 毎朝ジョギングする習慣をこれからも続けてい
こうと思っています。

❻ この会社でずっと働いても未来が見えないので、
今月で辞めることにしました。

❼ 毎日日本語で日記を書くことにしましたが、も
しよかったらチェックしていただけませんか。

STEP 4

　私は来年、日本に留学するつもりです。日本で
は、生きた日本語を身につけて、日本人の友だちを
作ろうと思っています。なるべく日本人と付き合っ
て、韓国語は話さないようにするつもりです。そし
て、親友と呼べる日本人の友だちを作ろうと思いま
す。また日本のあちこちを旅行しながらおいしい食
べ物を食べてみたいと思っています。

10과

STEP 1

❶ 冷めないうちに食べた方がいいです。

❷ ちょっと二人で話し合いませんか。

❸ 道に迷ったときは、交番で聞いてみましょう。

❹ どこかで食事でもしようか。

❺ 今日はかさを持って行った方がいいです。

❻ 明日、私と一緒に映画でも見に行きませんか。

❼ この本をそこの棚に入れてくれませんか。

STEP 2

❶ 私と一緒に山田さんの家へ遊びに行きませんか。

❷ 借りた物は早く返した方がいいですね。

❸ さあ、日本語の勉強を始めよう。

❹ コンサートのチケットを予約しようか。

❺ 私と一緒に踊りませんか。

❻ もうこんな時間ですね。そろそろ帰りましょう
か。

❼ 子ども相手にそんな行動はやめた方がいいです
（よ）。

STEP 3

❶ 雨が降っているので、今日は車で行きませんか。

❷ 二人とも黙っていないで、きちんと話し合いま
せんか。

❸ このお店の人気メニューはシーフードカレーで
すから、それを食べてみましょう。

❹ 知らない単語がある時は、高橋先生に聞いてみ
ましょう。

❺ 風邪なら、温かい飲み物をたくさん飲んだ方が
いいですよ。

❻ やけどをした時は、すぐに冷たい水で冷やした
方がいいです。

❼ のどが乾いたので、何か冷たいジュースでも飲
もうか。

STEP 4

　暑中お見舞い申し上げます。

　毎日、暑い日が続いていますが、お元気ですか。
私は家の近くのレストランでウエートレスのバイト
をしています。バイトが休みの時は、海にでも行こ
うかと考えています。良かったら、一緒に行きませ
んか。連絡待っています。

　7月25日

　　　　　　　　　　　　　　キム　ジヨン

11과

STEP 1

❶ 今日は忙しいので、約束にちょっと遅れるかも
しれません。

❷ あのかばんはきっと高いはずです。

❸ あの人は有名な俳優にちがいありません。

❹ 今日は金曜日なので道が混んでいるはずです。

❺ 今日デートのはずだったが、急にキャンセルに
なりました。

❻ すぐには受からなくても、いつかは合格するに
ちがいありません。

❼ 息子の事故はお母さんにとってショックが大き
いにちがいありません。

STEP 2

❶ 彼は今ごろ家でゲームに熱中しているにちがい
ありません。

❷ 李さんはもう家に帰ったはずです。

❸ よっぽどデートが楽しかったにちがいありません。

❹ このぼうしは彼には小さいはずです。

❺ その企画、おもしろいかもしれません。

❻ 犬も自由に走り回れた方が幸せにちがいありま
せん。

❼ このような雰囲気ではひょっとすると飲みすぎ
るかもしれません。

STEP 3

❶ 毎年あのチームが優勝していますが、今年は私
たちのチームが優勝するはずです。
（ゆうしょう）

❷ イムさんは運動神経がいいので、たぶん水泳も
できるはずです。
（すいえい）

❸ 歩く辞典と言われる彼が、こんな簡単な単語の
意味を知らないはずがありません。
（かんたん　たんご）（いみ）

❹ エンジンの音がおかしいので、もしかしたら故
障かもしれません。
（こ）（しょう）

❺ この調子だと、もしかしたら逆転優勝するかも
しれません。
（ぎゃくてん）

❻ 電気がついているので、部屋にいるにちがいあ
りません。
（へや）

❼ 彼のことですから、コンピュータゲームに熱中
して昼食もまだにちがいありません。
（ねっちゅう）（ちゅうしょく）

STEP 4

　日本人は礼儀正しいと思います。特に、友だち同
士でもきちんとお礼を言うのには驚きました。ある
日、学生食堂で友だちと昼ごはんを食べていた時、

日本人の友だちにソースを取ってあげると、彼女は
「ありがとう」と言いました。韓国では親しい友だ
ち同士ではそのようなお礼は絶対に言わないはずで
す。食後、彼女にコーヒーをおごりました。そのと
きも彼女は何回も「ありがとう」と言いました。

　そして、翌日彼女に会ったとき、また「昨日は
コーヒーごちそうさま」と言いました。どうして日
本人はこんなに礼儀正しいのでしょう。これが日本
人の国民性かもしれませんが、私にとっては少し丁
寧すぎる気がします。

12과

STEP 1

❶ 人生にはがまんしなければならないことがたく
さんあります。

❷ 山田さんが好きになる人はきれいでなければな
りません。

❸ もっと自分を大切にしなければなりません。

❹ 履歴書は自筆でなければなりません。

❺ 家族が住むには、もう少し広くなくてはいけま
せん。

❻ 毎日日記を書かなければいけないんですか。

❼ 自分の部屋ぐらいは自分でそうじをするべきです。

STEP 2

❶ 図書館は静かでなければならないところです。

❷ 今夜この仕事を終わらせなければなりません。

❸ 政治家は自分にきびしくなければなりません。

❹ 短い時間で自分をアピールしなければなりませ
ん。

❺ 次の駅で乗り換えなければいけません。

❻ 頭を使う仕事でも体が丈夫でなければなりませ
ん。

❼ 学食は安くなければなりません。

STEP 3

❶ この仕事は、ヤンさんでなければなりません。

❷ ミスコンテストで選ばれるためには、外見だけ

でなく、心もきれいでなければなりません。

③ 人から信頼されるためには、まじめでなければ
なりません。

④ リレーでいい成績を出すためには、くつは軽く
なければなりません。

⑤ そんなにたくさんの人が集まるのですから、会
場はもっと広くなければなりません。

⑥ 来週出張で、2週間ほどタイに行かなければな
りません。

⑦ 最近どろぼうが増えてきたので、ちょっと出か
ける時にも、カギをかけなければなりません。

STEP 4

フィリピンには、ごみ山のごみを拾って生活して
いる子どもたちがいます。毎日の生活は苦しいが、
ごみ山の中にある学校に集まる子どもたちの目は輝
いています。どんなに貧しい国でも、戦争をしてい
る国でも、子どもたちは教育を受けるべきです。そ
れは、人類の未来を担うべき子どもたちの権利で
す。子どもたちは私たちの宝で、未来です。だから、
世界中の子どもたちに平等に教育を受けるチャンス
を与えなければいけません。

13과

STEP 1

① 天気予報によると明日は雨が降るらしいです。
② 彼は山より海の方が好きなようです。
③ このまんがはおもしろくなさそうです。
④ 山田さんは緊張しているようです。
⑤ また身長が伸びたようです。
⑥ 税金がまた上がるらしいです(ね)。
⑦ 明日は土曜日ですから仕事もひまでしょう。

STEP 2

① 明日は雪が降るでしょう。
② おばあさんが重そうな荷物を持っています。
③ 新発売のビールは最近の若者たちに人気がある
ようです(ね)。
④ 彼は今すてきな恋をしているらしいです(よ)。

⑤ 北海道では、今はもう雪が降っているだろう。
⑥ あの子は泣きそうな顔をしています。
⑦ 向こうから来るのは山田さんらしいです。

STEP 3

① このかばんは柔らかい皮でできているので、軽
くて丈夫そうです。
② 空が急にくもってきて、今にも雨が降りそうな
天気です(ね)。
③ まじめな彼が学校を休むなんて、どうも風邪が
ひどくなったようです。
④ 何回もトイレに行っているのをみると、かなり
緊張しているようです。
⑤ いつも人がたくさんいますから、この店はおい
しいらしいです。
⑥ いつ電話しても話し中ですから、どうも山田さ
んは忙しいらしいです。
⑦ 笑ってそんなひどいことは言わないと思うので、
たぶんそれは冗談でしょう。

STEP 4

私は積極的な性格だから、友達がたくさんいま
す。その中で一番仲がいいのは、ヒヨンという友達
です。ヒヨンと初めて会ったのは、中学2年のとき
です。彼女は私と反対で、女らしくて、優しくて、
素直な人です。私と同じ年ですが、いつも私の悩み
を聞いてくれたり、困っているときはいつも力に
なってくれます。彼女は私にとってお姉さんのよう
な人です。

14과

STEP 1

① 私は彼からお土産をもらいました。
② 田中さんは妹からCDをもらいました。
③ 田中さんは山田さんに本をあげました。
④ 田中さんは私にハンカチをくれました。
⑤ 私は山田さんからまんがをもらいました。
⑥ となりの人から消しゴムを貸してもらいました。
⑦ 前からほしかったくつを母が買ってくれました。

STEP 2

❶ 母は高田さんに誕生日のプレゼントをあげるつもりです。

❷ 父から５万円のこづかいをもらいました。

❸ 妻は私にネクタイを買ってくれました。

❹ 私はホワイトデーの時、ミナちゃんにキャンディーをあげました。

❺ 弟は山田さんに韓国語を教えてあげました。

❻ 風邪を引いたので、友達に薬を買ってもらいました。

❼ 道を歩いていた人に写真を撮ってもらいました。

STEP 3

❶ 子どもが泣いているので、あめをあげました。

❷ 彼女から初めてもらったプレゼントを今でも大切にしています。

❸ 友だちが弟に大事にしていた本をくれました。

❹ 母が右手をけがしたので、料理を手伝ってあげました。

❺ 子どものころ、公園で父がキャッチボールをして遊んでくれました。

❻ 日本人の友だちが、京都の有名なお寺に連れて行ってくれました。

❼ 二人の写真が撮りたくて、知らない人に頼んで撮ってもらいました。

STEP 4

　小さいころはクリスマスの朝、サンタクロースにプレゼントをもらうのが楽しみでした。そして、大きくなってからは、私も子どもたちに夢をあげたいと思うようになりました。クリスマスの日、ボランティアをしている施設の子どもたちにプレゼントをあげました。現在の私には子どもたちと過ごすクリスマス、そして、笑いかけてくれる子どもたちの笑顔が最高のクリスマスプレゼントです。

15과

STEP 1

❶ ここに書いてあるメールアドレスに連絡すれば、できると思いますよ。

❷ 高ければ買いませんが、安ければ買います。

❸ 黒いかばんなら、テーブルの上にありましたよ。

❹ ４月になると、桜が咲き始めます。

❺ 調べたい単語にマウスを近づけると、日本語訳が出ます。

❻ 九州へ行ったら、山田さんに連絡した方がいいですよ。

❼ 雨が降ったら、キャンプは中止です。

STEP 2

❶ 明日のピクニックは、雨が降ったら行きません。

❷ この道をまっすぐ行くと、右側に銀行があります。

❸ 明日いい天気なら、花見に行きませんか。

❹ 使いにくいなら、もう二度と買わなくてもいいです。

❺ 分からないことがあれば、いつでも聞いてください。

❻ 日本で勉強している友達の手紙を読んだら、私も留学したくなりました。

❼ 体の調子が良くないなら、もう帰ってもいいです(よ)。

STEP 3

❶ 道で1,000ウォンでも拾ったら、交番に届ける方がいいです。

❷ この方法でもだめなら、別の方法でやってみるしかないですね。

❸ 眼鏡をかけなければ、あの看板の文字も見えません。

❹ 英語が話せなければ、海外旅行の時に困ります。

❺ 安いパソコンを買うなら、テクノマートに行ってみたらどうですか。

❻ チェジュドに行くなら、ぜひハンラボンを買ってきてもらえませんか。

❼ まだ20歳なのに、スーツを着ると40代に見られます。

STEP 4

　私は恋人がいません。いつも片想いをしています。しかし、いつか恋人ができたら、いろいろなところに行ってみたいです。まず、遊園地に行ってジェットコースターに乗りたいです。ジェットコースターのような怖い体験を共有したら、仲がもっとよくなりそうだからです。また、かき氷をいっしょに食べたいです。いくらかき氷が食べたくなっても、男同士だと恥ずかしくて行けないからです。この話を友達のミンスにしたら、そんなことなら俺でもいいじゃないかと笑われてしまいました。しかし、絶対にミンスとではなく、彼女と行きたいのです。

16과

STEP 1

1. 息子は母にほめられました。
2. 私は山田さんに石を投げられました。
3. 私は友達に手紙を読まれました。
4. 彼は医者からお酒を禁じられました。
5. キムチは世界中で食べられています。
6. 町で男の人に声をかけられました。
7. 電車でとなりの人に足を踏まれました。

STEP 2

1. 忙しいときに友だちに来られて、レポートが書けませんでした。
2. 田中さんは知らない人に名前を呼ばれました。
3. 誰かにフロッピーのデータを消されました。
4. この雑誌はサラリーマンによく読まれています。
5. 2002年に韓国と日本でワールドカップが開かれました。
6. 弟に大事にしていた自転車を壊されました。
7. 彼の新記録がついに破られました。

STEP 3

1. きのう山田さんから映画に誘われましたが、なんとなく断ってしまいました。
2. 付き合って2年目にプロポーズされて、今年6月に結婚しました。

3. 地下鉄の中でさいふをとられたことに全く気づきませんでした。
4. このお店で売られている牛肉は、全て国産のものばかりです。
5. 友だちにテストをカンニングされたのですが、たぶんほとんど間違っていると思います。
6. 汚いからといって、大事にしていたぬいぐるみを母に捨てられました。
7. さっきお母さんと歩いていた子どもに、アイスクリームで服を汚されたようです。

STEP 4

　現代では、誰でもストレスの多い生活をしています。学校では先生にしかられたり、難しいレポートを出されたりします。また、誰もが人間関係でストレスを受けています。それでは、どのようにストレスを解消すればいいのでしょうか。私の一番のストレス解消法は、温泉に行くことです。ゆっくりと湯船につかると心がいやされます。そして、おいしい料理を食べてぐっすり寝ると、次の日にはすっかりストレスが解消されています。あなたも一度試してみてください。

17과

STEP 1

1. 彼はいつも冗談を言ってみんなを笑わせます。
2. 母親は自分の子に絵本を読ませました。
3. 山田さんは子どもに毎日歌を歌わせます。
4. 子どもにミルクを飲ませる時間になりました。
5. 犬にえさを食べさせます。
6. フセインは改めて世間を驚かせました。
7. 田中さんの代わりに山田さんを行かせましょう。

STEP 2

1. 岡山から広島まで時速120キロで車を走らせました。
2. 子どもには果物をたくさん食べさせるのがいいです。
3. 自分の宿題を友だちにやらせるのはずるいです。

④ 子どもに好きなことをさせたらいかがですか。

⑤ 学生たちに好きな道を進ませるのが私の信念です。

⑥ 母は毎日、犬を散歩させます。

⑦ 先生は学生たちに毎日日記を書かせます。

STEP 3

① 花子さんは毎日夫に料理を作らせたり、そうじをさせたりします。

② いくら遅く起きても、必ず子どもに朝ごはんを食べさせています。

③ 部長は一人でできる仕事でも、必ず部下にさせます。

④ うちで飼っている犬は水遊びが大好きなので、よく公園の噴水で遊ばせます。

⑤ 父はビデオの撮り方がわからないので、いつも私に録画の予約をさせます。

⑥ いっしょうけんめいがんばりますから、その仕事を私にさせてください。

⑦ お腹が痛いので、すみませんが授業を休ませてください。

STEP 4

わが家にかわいいペットがやってきました。マルチーズのオスで、名前は「いちご」です。まだ生まれて４ヶ月しか経っていないかわいい子犬ですが、今しつけに困っています。どこでもおしっこをするので、きちんと専用のトイレでさせるようにしつけています。それから、食事も決まった時間にさせています。ちょっとかわいそうですが、今は心を鬼にして、身につけさせています。

18과

STEP 1

① 山田先生は何時ごろお帰りになりますか。

② どうぞご安心なさってください。

③ この本、もうお読みになりましたか。

④ この質問についてどう思われますか。

⑤ 課長はもうお出かけになりました。

⑥ 昼には何を召し上がりましたか。

⑦ 明日の会議が中止になったことはご存じですか。

STEP 2

① 先生はいつ日本にいらっしゃったんですか。

② 毎晩何時ごろにお休みになりますか。

③ つまらないものですが、お召しあがりください。

④ 「愛してると言ってくれ」というドラマをご覧になりましたか。

⑤ お父様はどんなお仕事をなさっていますか。

⑥ ここにお名前とご住所をお書きください。

⑦ 山田さん、いつ新しい車を買われましたか。

STEP 3

① 先生は毎日何時に学校にいらっしゃいますか。

② もしまだこの映画をご覧になっていなければ、ご一緒にいかがですか。

③ お口に合うかどうかわかりませんが、どうぞお召し上がりください。

④ 大変申し訳ありませんが、もう一度ここにお名前をお書きください。

⑤ お時間がありませんので、お急ぎになった方がいいと思いますけど。

⑥ お使いになりましたら、元の場所にお戻しください。

⑦ 部長のご趣味はゴルフで、週末にはコースに出て練習されています。

STEP 4

お元気でいらっしゃいますか。

私は９月25日に、次の住所に引っ越しました。駅から歩いて10分ほどの静かな住宅街です。

お近くにお越しの際は、ぜひお寄りください。

９月５日

金 京玉

田中先生

19과

STEP 1

❶ それでは遠慮なく質問させていただきます。

❷ お忙しいところをわざわざおいでいただき、申し訳ありません。

❸ 私の家族の写真をお目にかけましょう。

❹ ちょっとお電話をお借りします。

❺ 山田さんからお菓子をいただきました。

❻ 郵便でお送りいたします。

❼ 旅行の写真を拝見いたしました。

STEP 2

❶ 当店ではカードはご利用いただけません。

❷ どこかでお目にかかったことがあるような気がいたしますが。

❸ 何時間でもお待ちいたします。

❹ お名前をお書きいただけますか。

❺ 明日おじゃまさせていただいてもよろしいでしょうか。

❻ 係りの者がご案内いたします。

❼ 子どもをつれてまいりましょうか。

STEP 3

❶ この間、先生にお目(め)にかかりました山田と申(もう)します。

❷ その件については、私がお答えします。

❸ 今すぐには無理ですので、後日(ごじつ)改(あらた)めてお答(こた)えいたします。

❹ 先生にご相談したいことがあるので、一度(いちど)研究室(けんきゅうしつ)に伺(うかが)ってもよろしいですか。

❺ 明日5時に空港までお迎えにまいります。

❻ 部長(ぶちょう)にお話(はなし)をお聞きしたかったのですが、もうお宅へ帰られましたか。

❼ 何か問題がございましたら、すぐに取(と)り替(か)えさせていただきます。

STEP 4

拝啓　秋が深まり紅葉が美しくなってまいりました。その後、お変わりなくお元気でお過ごしでしょうか。私もおかげさまで元気に暮らしております。先生からいただいたアドバイスを参考にがんばっておりますので、ご心配なさらないでください。

十二月には日本へ出張に行く予定です。そのとき、ぜひ先生にお目にかかりたいのですが、ご都合はいかがでしょうか。

それでは、またお便りいたします。どうぞお元気でお過ごしください。

敬具

10月20日

チェ ヨンスック

井上先生

다락원
일본어 작문 초급에서 중급으로

지은이 이경수, 大塚薰, 寺井妃呂美
펴낸이 정규도
펴낸곳 (주)다락원

초판 1쇄 발행 2004년 3월 2일
초판 18쇄 발행 2024년 3월 18일

책임편집 이후춘, 김윤희
디자인 정현석, 장미연, 강유미
일러스트 신윤희

다락원 경기도 파주시 문발로 211
내용문의: (02)736-2031 내선 460~465
구입문의: (02)736-2031 내선 250~252
Fax: (02)732-2037
출판등록 1977년 9월 16일 제406-2008-000007호

ISBN 978-89-277-1264-0 13730

http://www.darakwon.co.kr

• 다락원 홈페이지를 방문하시면 상세한 출판 정보와 함께 동영상강좌, MP3 자료 등 다양한 어학 정보를 얻으실 수 있습니다.